"中国企业社会责任报告编写指南(CASS-CSR3.0)"

系列丛书的出版得到了下列单位的大力支持:

（排名不分先后）


中国南方电网

中国华电集团公司

华润（集团）有限公司

三星（中国）投资有限公司



"中国企业社会责任报告编写指南（CASS-CSR3.0）之食品行业"的

出版得到了下列单位的大力支持:

（排名不分先后）


蒙牛乳业（集团）股份有限公司

达能（中国）食品饮料有限公司

雨润控股集团有限公司

# 中国企业社会责任报告编写指南3.0
## 之 食品行业

中国社会科学院经济学部企业社会责任研究中心

蒙牛乳业（集团）股份有限公司

达能（中国）食品饮料有限公司

雨润控股集团有限公司

钟宏武　翟　媚　李世保　古　陶　吴福顺/顾问

翟利峰　王梦娟　于晓庆　张　智　林　旭/等著

社会责任报告
全生命周期管理指南

经济管理出版社
ECONOMY & MANAGEMENT PUBLISHING HOUSE

**图书在版编目（CIP）数据**

中国企业社会责任报告编写指南 3.0 之食品行业/翟利峰等著. —北京：经济管理出版社，2015.12

ISBN 978-7-5096-4031-9

Ⅰ.①中… Ⅱ.①翟… Ⅲ.①企业责任—社会责任—研究报告—写作—中国 ②食品企业—企业经营管理—社会责任—研究报告—写作—中国 Ⅳ.①F279.2 ②H152.3

中国版本图书馆 CIP 数据核字（2015）第 266314 号

组稿编辑：陈　力
责任编辑：杨国强
责任印制：黄章平
责任校对：雨　千

出版发行：经济管理出版社
　　　　　（北京市海淀区北蜂窝 8 号中雅大厦 A 座 11 层　　100038）
网　　址：www. E-mp. com. cn
电　　话：(010) 51915602
印　　刷：三河市延风印装有限公司
经　　销：新华书店
开　　本：720mm×1000mm/16
印　　张：12
字　　数：198 千字
版　　次：2015 年 12 月第 1 版　　2015 年 12 月第 1 次印刷
书　　号：ISBN 978-7-5096-4031-9
定　　价：68.00 元

# "中国企业社会责任报告编写指南之食品行业" 专家组

**顾　问：**

钟宏武　中国社科院企业社会责任研究中心主任

翟　嵋　蒙牛集团公共事务管理系统助理副总裁

李世保　江苏雨润肉类产业集团有限公司总裁

古　陶　达能（中国）食品饮料有限公司可持续发展总监

吴福顺　蒙牛集团公共事务管理系统社会责任总监

**成　员：**（按姓氏拼音排序）

陈　松　农业部农产品质量标准研究中心政策研究室副研究员

陈建波　中国盐业总公司办公厅企业社会责任主管

程多生　中国企业联合会企业创新工作部主任

方　明　中粮集团有限公司办公厅总经理助理

付旺盛　蒙牛集团奶源管理系统技术中心总监

蓝　蓓　达能中国 ELN 社会责任经理

林　旭　中国社科院企业社会责任研究中心项目 8 部

刘高飞　蒙牛集团奶源管理系统质量管理中心总监

牛　蕾　蒙牛集团公共事务管理系统政府事务总监

屈晓明　中国盐业总公司办公厅副主任

宋　立　蒙牛集团公共事务管理系统新闻传播经理

田　茂　蒙牛集团奶源管理系统资源技术中心高级经理

王浩杰　蒙牛集团健康安全环保中心总监

王梦娟　中国社科院企业社会责任研究中心项目 8 部部长

尹艳霞　蒙牛集团研发创新系统国际资源整合中心总监

于晓庆　蒙牛集团公共事务管理系统社会责任经理
张　智　达能（中国）食品饮料有限公司可持续发展高级经理
翟利峰　中国社科院企业社会责任研究中心副主任
周国学　蒙牛集团研发创新系统国际资源整合中心高级经理
朱春红　蒙牛集团人力资源管理系统运营中心总监

# 开启报告价值管理新纪元

透明时代的到来要求企业履行社会责任，及时准确地向利益相关方披露履行社会责任的信息。目前，发布社会责任报告已日益成为越来越多的企业深化履行社会责任、积极与利益相关方沟通的载体和渠道，这对于企业充分阐释社会责任理念、展现社会责任形象、体现社会责任价值具有重要的意义。作为中国第一本社会责任报告编写指南，指南的发展见证了我国企业社会责任从"懵懂发展"到"战略思考"的发展历程。2009 年 12 月，中国社会科学院经济学部企业社会责任研究中心发布了《中国企业社会责任报告编写指南（CASS-CSR1.0）》(简称《指南 1.0》)，当时很多企业对"什么是社会责任"、"什么是社会责任报告"、"社会责任报告应该包括哪些内容"还存在争议。所以《指南 1.0》和《指南 2.0》定位于"报告内容"，希望通过指南告诉使用者如何编写社会责任报告、社会责任报告应该披露哪些指标。指南的发布获得了企业的广泛认可和应用，2013 年，参考指南编写社会责任报告的企业数量上升到了 195 家。

5 年过去了，我国企业社会责任报告领域发生了深刻变革，企业社会责任报告的数量从 2006 年的 32 份发展到了 2013 年的 1231 份；报告编写质量明显提高，很多报告已经达到国际先进水平。同时，企业在对社会责任的内涵及社会责任报告的内容基本达成共识的基础上，开始思考如何发挥社会责任报告的综合价值，如何将社会责任工作向纵深推进。

为适应新时期新形势要求，进一步增强指南的国际性、行业性和工具性，中国社会科学院经济学部企业社会责任研究中心于 2012 年 3 月启动了《中国企业社会责任报告编写指南（CASS-CSR3.0）》(简称《指南 3.0》) 修编工作，在充分调研使用者意见和建议的基础上，对《指南 3.0》进行了较大程度的创新。总体而言，与国内外其他社会责任倡议相比，《指南 3.0》具有以下特点：

（1）首次提出社会责任报告"全生命周期管理"的概念。企业社会责任报告既是企业管理的工具，也是与外部利益相关方沟通的有效工具。《指南 3.0》定位于通过对社会责任报告进行全生命周期的管理，充分发挥报告在加强利益相关方沟通、提升企业社会责任管理水平方面的作用，可以最大限度发挥报告的综合价值。

（2）编制过程更加科学。只有行业协会、企业积极参与到《指南 3.0》的编写中，才能使《指南 3.0》更好地反映中国企业社会责任实际情况。在《指南 3.0》的修编过程中，为提升分行业指南的科学性和适用性，编委会采取"逐行业编制、逐行业发布"的模式，与行业代表性企业、行业协会进行合作，共同编制、发布分行业的编写指南，确保《指南 3.0》的科学性和实用性。

（3）适用对象更加广泛。目前，我国更多的中小企业越来越重视社会责任工作，如何引导中小企业社会责任发展也是指南修编的重要使命。《指南 3.0》对报告指标体系进行整理，同时为中小企业使用指南提供了更多的指导和工具。

（4）指标体系实质性更加突出。《指南 3.0》在编写过程中对指标体系进行了大幅整理，在指标体系中更加注重企业的法律责任和本质责任，将更多的指标转变为扩展指标，更加注重指标的"实质性"。

《中国企业社会责任报告编写指南（CASS-CSR3.0）》是我国企业社会责任发展的又一重大事件，相信它的推出，必将有助于提高我国企业社会责任信息披露的质量，有助于发挥社会责任报告的综合价值，也必将开启社会责任报告价值管理新纪元！

**2014 年 1 月**

# 目　录

## 总论篇

## 指标篇

## 管 理 篇

# 案 例 篇

# 总论篇

# 第一章  食品行业社会责任

食品①指各种供人食用或者饮用的成品和原料以及按照传统既是食品又是药品的物品，但是不包括以治疗为目的的物品。国家标准 GB2760-2011《食品安全标准食品添加剂》将食品分为十六大类，包括乳及乳制品、冷冻饮品、粮食与粮食制品、焙烤食品、肉及肉制品、调味品等。

## 一、食品行业在国计民生中的地位

民以食为天。食品产业承担着为我国逾 13 亿人提供安全放心、营养健康食品的重任，是国民经济的支柱型产业和保障民生的基础性产业。食品产业上牵亿万农户，与"三农问题"密切关联；下连亿万国民，与公众的饮食安全和健康息息相关。食品产业对推动农业发展、增加农民收入、改善国民营养和健康水平，推动国民经济持续、稳定、健康发展具有重要意义。

（1）食品行业关系着国民健康。随着我国经济的发展，食品消费已从温饱型消费向安全健康型消费转变，从"吃得饱"向"吃得安全，吃得营养，吃得健康"转变。食品行业的健康有序发展与国民的安全健康息息相关。目前，我国食品安全总体形势稳定向好，但食品安全问题依然存在，保障"舌尖上的安全"是重要的民生工程，也是食品产业健康持续发展的重要方向。

（2）食品行业带动农村经济发展。农村剩余劳动力的出现是农业国在工业化和城市化过程中不可避免的现象，食品企业以"公司＋农户"的组织形式，促进

---

① 《食品安全法》第九十九条对"食品"的定义。

农产品加工转化增值，带动了农业发展和农民增收，特别是在西部地区和经济欠发达地区，食品工业的发展，对当地经济发展和农民脱贫致富发挥了重要作用，并已成为吸纳农村剩余劳动力就业的主体之一。

（3）食品行业与其他行业关联紧密，带动了相关产业的发展。食品产业链横跨第一、第二、第三产业，不仅解决了农、牧、渔等上游行业的原料出路，同时与机械、印刷、包装、销售等下游企业关系紧密，食品行业健康稳定的发展，有助于带动其他相关行业的发展，促进国民经济健康稳定增长。

（4）食品行业推动国民经济发展。2012 年，我国规模以上食品工业企业已达33700 家，占全部工业企业的 10%，从业人员 707 万人，完成现价食品工业总产值 8.9 万亿元，连续多年以超过 20%的速度增长，食品工业增加值占全国工业增加值比重达 11%。

# 二、食品行业履行社会责任的意义

2014 年，十八届四中全会审议并通过了《中共中央关于全面推进依法治国若干重大问题的决定》，其中特别指出要"加强企业社会责任立法"，将企业社会责任提升到法治层面。食品工业作为关系国计民生的重要产业，应积极响应国家政策，承担起应有的社会责任，为促进经济社会更好更快的发展贡献力量。

## （一）宏观层面，保障食品安全，促进社会和谐

食品安全是关系国计民生的大问题，其重要性不言而喻。2014 年，全国"两会"期间，国务院总理李克强在政府工作报告中明确指出，"用最严格的监管、最严厉的处罚、最严肃的问责，坚决治理餐桌上的污染，切实保障民众舌尖上的安全"。同时，2015 年新出台的《食品安全法》，从结构上来看，最重要的变化是梳理了"食品生产经营"这一章的逻辑关系，强调了食品生产经营的全过程控制；进一步明确了食品生产企业的责任主体地位；第二十一条中新增"食品安全风险分析结果应向公众披露"以及新增第四十二条"推进食品安全可追溯体系的建设"。这些表明，新《食品安全法》对食品企业信息的公开透明有了进一步

的要求。

保障食品安全是食品企业履行社会责任最基本的要求。如果忽视食品安全，不仅严重影响国民经济的发展，对社会的稳定和谐也是沉重的打击。因此，食品企业要响应文件要求，主动承担主体责任，加强信息披露，将食品安全作为生产企业不能触碰的底线，重视食品产业链上下游的安全问题，推进食品可追溯系统和信息化共享平台的建立，以促进社会和谐有序发展。

### （二）中观层面，加快产业转型升级，推动食品产业健康发展

国资委、工信部联合印发的《食品工业"十二五"发展规划》中明确指出，应深入贯彻落实科学发展观，坚持走新型工业化道路，以满足人民群众不断增长的食品消费和营养健康需求为目标，调结构、转方式、提质量、保安全，着力提高创新能力，促进集聚集约发展，建设企业诚信体系，推动全产业链有效衔接，构建质量安全、绿色生态、供给充足的中国特色现代食品工业，实现食品产业持续健康发展。

食品行业履行社会责任，要响应该文件的要求，强化全产业链质量安全管理，提高食品质量，确保食品安全；加强自主创新能力建设，提高装备自主化水平；加快食品产业的结构调整和产业转型升级，形成产业集群；加强节能减排，大力发展循环经济，以推动食品产业健康发展。

### （三）微观层面，加强企业诚信建设，保障企业良性发展

利益相关者责任是企业履行社会责任的重要关注对象，而在我国食品行业的发展中，其生产、加工、销售和经营最终要通过消费者的检验。因此，消费者的认可度和满意度对食品行业来说尤为重要，企业如果抛弃对消费者所肩负的首要社会责任，终将被消费者淘汰。

近年来，食品安全事故频发，部分食品企业诚信缺失，过分追求利益最大化，为牟取非法利益，或在生产、销售的过程中使用劣质原料，或偷工减料、以假替真、以次充好，或超量使用食品添加剂、滥用非食品用化学添加物，造成消费者对我国食品质量信心不足。因此，食品企业应履行企业社会责任，保障食品的健康和安全，为消费者提供对称的产品信息和良好的售后服务，加强企业诚信建设，促进企业的健康发展。

# 三、食品行业社会责任特征及要求

在社会责任履行过程中，各行各业表现出不同的社会责任特征，也提出了不同的社会责任议题要求。由于行业特殊性，食品企业在保障食品安全、加强食品研发、促进农村经济发展、绿色经营四个方面表现出不同的社会责任特征和要求。

## （一）保障食品安全

2015 年"两会"期间，"食品安全"不断被提及，引起了社会各界的广泛关注。新出台的《食品安全法》被称为"史上最严"，围绕最严谨的标准、最严格的监管、最严格的处罚和最严肃问责的要求，切实化解食品安全治理的难题，表明政府铁腕治理食品安全的态度和决心。

食品企业应主动承担食品生产的主体责任，切实保障食品安全，以实现健康可持续发展。具体来看，食品企业一方面应建立相应的食品安全管理体系，从原料采购、生产、运输到销售各环节进行食品安全风险控制；另一方面提升食品企业透明度，以提高消费者的参与能力，如推进食品可追溯系统的建设，落实食品标签制度，积极参与食品安全风险交流活动等。

## （二）加强食品研发

随着城乡居民收入水平明显提高、消费方式显著变化，消费观念逐步向"吃得好"、"吃得营养"、"吃得健康"转变。目前，我国食物生产还不能适应营养需求，居民营养不足与营养过剩并存，营养与健康知识缺乏等主要问题仍旧存在。2014 年，国务院办公厅正式发布《中国食物与营养发展纲要（2014~2020 年)》，确定了"三个三"的发展重点，分别是"三个重点产品、三个重点区域、三类重点人群"。其中，优先发展"三个重点产品"——优质食用农产品、方便营养加工食品、奶类与大豆食品；优先关注"三个重点区域"——贫困地区、农村地区、流动人群集中及新型城镇化地区；优先改善"三类重点人群"——孕产妇与婴幼儿、儿童青少年、老年人。

对于食品企业来说，应该协同政府积极解决营养问题，注重对营养食品、奶类、豆类等重点食品的研发投入；提升科研创新水平，为改善贫困地区、农村等地区的营养提供助力；同时，针对孕妇、婴幼儿、老人等特殊人群积极展开营养研究，为其提供特殊膳食。

## （三）促进农村经济发展

食品行业与农、牧、渔等第一产业密不可分，食品行业健康发展能够带动农、牧、渔等相关产业的发展，通过吸纳大量的农村剩余劳动力从事食品的生产、销售等一系列相关工作，可以促进农村经济发展和农民收入提高。

因此，食品企业应当积极发挥农业经济发展的促进作用，一方面通过依法缴纳税款和带动产业链上相关产业发展来推动当地经济的增长；另一方面积极吸纳农村当地剩余劳动力，以提高当地农民收入水平，并与当地农户保持长期稳定的契约合作关系，从而保障农户收入稳定。

## （四）绿色经营

生态环保是人类社会实现可持续发展的必然选择，国务院办公厅下发的《2014~2015年节能减排低碳发展行动方案》提出加强节能减排，实现低碳发展。近年来，食品行业资源浪费、污染环境等现象凸显，逐渐引起社会关注。

食品企业积极应对生态环境保护问题，首先，应大力减排，比如，食品企业存在过度包装问题，为有效利用资源，企业应该将"减量化"作为首要目标。其次，强化资源节约意识，创新技术，实现能源资源的高效循环利用。最后，积极发展清洁能源，优化产品结构，努力实现企业与环境的可持续、永久性发展。

# 第二章 食品行业社会责任报告特征与现状

国际知名食品企业高度重视社会责任工作，在社会责任的履行实践方面有深刻认识，社会责任报告起步较早且已连续发布多年，关注的议题基本相通，且均建有比较完善的社会责任组织架构和健全的社会责任管理体系。这些国际优秀的食品企业始终紧扣时代脉搏，在实现企业发展、推动时代进步的同时，引领社会责任管理与实践的发展。国内食品企业在发布企业社会责任报告方面起步较晚，但近年来报告数量不断增多。鉴于此，我们分析国内外社会责任报告的特征与趋势，一方面，可以了解国外食品企业社会责任报告的特点及关注议题；另一方面，通过借鉴国际经验来完善食品企业社会责任报告的全生命周期管理。

## 一、国际食品行业社会责任报告特征

企业社会责任报告是企业非财务信息披露的重要载体，它披露了以非财务指标来衡量评估的各个公司与内外部相关利益方责任履行状况。企业在运营过程中所涉及的食品营养问题、食品安全问题、农村发展问题、环境污染问题等越来越引起社会各方面的关注，同时也推动了企业对责任的关注与担当，要求企业更加关注利益相关方的责任。国际社会为推进企业履行社会责任进行了深入而广泛的合作，国际上出台了一系列标准和文件，为企业社会责任报告的编撰提供了规范性框架，为国际食品行业企业社会责任的发展提供了有益借鉴。

食品行业的社会责任从本质上来说，与其他一般行业的社会责任要求一样，但因其行业与人的生命及健康紧密相连，极具重要性和特殊性，因此，在评价食品行业的社会责任时，更应考虑对消费者的责任，具体包括食品营养责任、食品安全责任、信息公开的责任等。

（1）目标企业基本信息。根据 2014 年 500 强财富榜单，本书选取了国际排名前 5 位的国际食品行业企业为目标企业，对其基本信息总结如表 2-1 所示。

表 2-1　国际食品行业发布社会责任报告样本企业特征

| 500 强排名 | 企业名称 | 总部所在地 | 营业收入（百万美元） |
|---|---|---|---|
| 1（72） | 雀巢公司（NESTEL） | 瑞士 | 99453.6 |
| 2（137） | 百事公司（PEPSICO） | 美国 | 66415.0 |
| 3（140） | 联合利华（UNILEVER） | 英国/荷兰 | 66108.6 |
| 4（332） | 亿滋国际（MONDELEZ INTERNATIONAL） | 美国 | 35299.0 |
| 5（429） | 达能（DANONE） | 法国 | 28274.4 |

（2）目标企业社会责任报告特征。首先，从国际知名食品企业发布企业社会责任报告的基本情况看，报告披露的社会责任绩效可信度较高，采用内部和外部共同评价的方式保证内容的真实性，体现食品企业对社会责任信息披露的高度重视。其次，食品企业社会责任报告内容较完整，结构均较规范，这些报告大都严格参照国际通行的 GRI（全球报告倡议组织）的标准披露信息。最后，国际知名食品企业社会责任报告关注的核心议题基本相同，基本内容相通，均在营养健康、农村发展、环境保护等方面予以充分的关注。

国际食品行业企业社会责任报告基本概况如表 2-2 所示。

表 2-2　国际食品行业发布社会责任报告概况（2013 年）

| 公司名称 | 报告名称 | 报告参考标准 | 报告页码 | 第三方审验 |
|---|---|---|---|---|
| 雀巢公司（NESTEL） | 可持续发展报告 2013 | GRI | 45 | 否 |
| 百事公司（PEPSICO） | 可持续发展报告 2013 | GRI | 68 | 否 |
| 联合利华（UNILEVER） | 可持续行动计划 2013 | GRI | 80 | 否 |
| 亿滋国际（MONDELEZ INTERNATIONAL） | 2013 年发展报告 | 无 | 39 | 否 |
| 达能（DANONE） | 2013 年可持续发展报告 | GRI | 170 | 是 |

分析以上企业近年来的社会责任报告，主要有以下特征：

## （一）企业自身与外部权威机构对社会责任绩效进行评估，提升报告可信度

国际知名食品企业综合采取多种措施以确保报告披露的信息和数据具有较高的可信度。一方面，企业内部在报告撰写过程中，对数据图表等进行一一核实，确保所有信息和数据都能如实反映公司的情况；另一方面，聘请权威的非金融机构对社会责任绩效进行评估，并结合第三方专门机构对企业社会责任报告进行审核，以确保报告内容的真实可信。达能（DANONE）在可持续发展报告中，增加了道琼斯指数评估，并取得了 87 分的好成绩，同时引入权威会计师事务所毕马威（KPMG）提供的第三方独立审验。这些内外结合的措施大大提高了企业社会责任报告的可信度和质量。

## （二）社会责任报告结构规范、信息可靠

根据表 2-2，分析近年来国际知名食品企业发布的社会责任报告可知，这些报告大都严格参照国际标准而披露信息，结构严谨且规范，内容完整，具有很高的精确性。以美国的百事公司（PEPSICO）为例，在编写报告过程中，始终坚持遵循 GRI 的框架，以此确保内容的完整性和结构的规范性。百事公司于 2013 年连续七次被列入道琼斯可持续发展世界指数（DJSI World），连续八次被列入道琼斯可持续发展北美指数（DJSI North America）。以法国的达能集团（DANONE）发布的《2013 年可持续发展报告》为例，报告篇幅达 170 页，报告介绍了达能公司在社会责任实践中的主要做法，并从经济、环境、社会、人权等多个角度对集团在 2013 年社会责任履行进行了评估，详尽地展现了各个关键绩效指标数据。

## （三）较为关注营养健康、食品安全、农村发展、水资源保护等议题

国际知名食品企业的社会责任报告将篇幅重点放在食品营养健康、食品安全、主要产品和服务、水资源保护、积极应对气候变化上，不同的食品企业根据自身的特点对关注的议题有所调整。达能集团（DANONE）在 2014 年《财富》世界 500 强排名中列 170 名，2014 年的社会责任报告内容注重披露公司在履行社会责任方面的具体措施和取得的实际效果，集团的社会责任报告为利益相关方提

供了更高的价值。表 2-3 列示了达能集团可持续发展报告的部分框架。

**表 2-3　达能集团可持续发展报告部分关键指标**

| | |
|---|---|
| 营养健康 | 达能聚焦健康食品 |
| | 以客户为中心的达能质量体系 |
| | 食品安全与风险评估 |
| | 达能员工的发展 |
| 服务社会 | 继续扩展集团版图，惠及更多消费者 |
| | 创建持续演进的新型商业模式 |
| | 达能社区：从整合到资讯分享 |
| | "达能人"不断强化的承诺 |
| 以人为本 | 员工与团队发展构筑发展基础 |
| | 多样化有助于改善 |
| | 建立以安全为中心的企业文化 |
| | 助力新型商业模式——达能生态系统基金 |
| 自然保护 | 减少碳足迹 |
| | 降低能源强度以及尝试使用可再生能源 |
| | 依云品牌与生计基金 |
| | 降低耗水量 |
| | 保护泉水与水供给` |
| | 包装：使用可持续包装材料 |
| | 可再生材料试验 |
| | 积极寻求合作，共同促进环保农业的成长 |
| | 生物多样性：保护与农业和森林相关的生态系统 |

# 二、国内食品行业社会责任报告发展现状

通过观察和回顾近三年来食品企业发布社会责任报告的情况可以看出，食品企业报告数量持续增长，报告质量不断提升。

## （一）社会责任报告形式分析

1. 从发布数量来看，食品企业报告数量持续增长

2012 年，发布社会责任报告的食品企业为 16 家，其中国有企业 8 家，民营企业 5 家，外资企业 3 家；2013 年，发布社会责任报告的食品企业为 41 家，其

中国有企业 24 家，民营企业 13 家，外资企业 4 家；2014 年发布社会责任报告的食品企业为 48 家（见表 2-4），其中国有企业 26 家，民营企业 17 家，外资企业 5 家。通过对比三年报告数量可以看出，食品行业对企业社会责任报告的认同度不断增加，报告的发布也越来越得到重视，其中国有企业和民营企业增长最快。

**表 2-4　2014 年发布社会责任报告的食品企业名单**

| 企业名称 | 总页数 | 公司第几份报告 |
|---|---|---|
| 百事（中国）投资有限公司 | 28 | 4 |
| 中粮集团有限公司 | 100 | 5 |
| 华润（集团）有限公司 | 154 | 7 |
| 华润创业有限公司 | 30 | 1 |
| 河南双汇投资发展股份有限公司 | 14 | 6 |
| 中国蒙牛乳业有限公司 | 74 | 2 |
| 中国贵州茅台酒厂（集团）有限责任公司 | 36 | 6 |
| 青岛啤酒股份有限公司 | 55 | 6 |
| 中国盐业总公司 | 90 | 4 |
| 华润雪花啤酒（中国）有限公司 | 62 | 2 |
| 宜宾五粮液股份有限公司 | 89 | 5 |
| 光明乳业股份有限公司 | 37 | 6 |
| 江苏洋河酒厂股份有限公司 | 36 | 5 |
| 北京燕京啤酒股份有限公司 | 20 | 6 |
| 中粮屯河股份有限公司 | 9 | 3 |
| 泸州老窖股份有限公司 | 11 | 8 |
| 梅花生物科技集团股份有限公司 | 11 | 2 |
| 贝因美婴童食品股份有限公司 | 8 | 4 |
| 山西杏花村汾酒厂股份有限公司 | 40 | 2 |
| 华润怡宝饮料（中国）有限公司 | 46 | 1 |
| 安徽古井贡酒股份有限公司 | 9 | 2 |
| 烟台张裕葡萄酿酒股份有限公司 | 6 | 6 |
| 贵阳南明老干妈风味食品有限责任公司 | 28 | 1 |
| 郑州三全食品股份有限公司 | 6 | 6 |
| 安琪酵母股份有限公司 | 12 | 3 |
| 洽洽食品股份有限公司 | 9 | 3 |
| 贵州盐业集团有限责任公司 | 47 | 3 |
| 深圳市金新农饲料股份有限公司 | 19 | 2 |
| 新疆伊力特实业股份有限公司 | 21 | 4 |
| 浙江古越龙山绍兴酒股份有限公司 | 13 | 6 |
| 四川沱牌舍得酒业股份有限公司 | 10 | 6 |
| 新疆冠农果茸集团股份有限公司 | 9 | 5 |

| 企业名称 | 总页数 | 公司第几份报告 |
|---|---|---|
| 国投中鲁果汁股份有限公司 | 35 | 6 |
| 上海金枫酒业股份有限公司 | 29 | 4 |
| 好想你枣业股份有限公司 | 17 | 3 |
| 保龄宝生物股份有限公司 | 13 | 3 |
| 福建省燕京惠泉啤酒股份有限公司 | 8 | 7 |
| 黑牛食品股份有限公司 | 11 | 1 |
| 贵州好一多乳业股份有限公司 | 40 | 3 |
| 雀巢中国有限公司 | 52 | 2 |
| 劲牌有限公司 | 15 | 5 |
| 李锦记酱料集团中国区 | 86 | 3 |
| 甘肃莫高实业发展股份有限公司 | 10 | 1 |
| 华润五丰有限公司 | 19 | 2 |
| 嘉吉投资（中国）有限公司 | 12 | 1 |
| 贵州国台酒业有限公司 | 26 | 1 |
| 贵州和泰茶业股份有限公司 | 36 | 2 |
| 中国食品有限公司 | 5 | 2 |

**2. 从报告篇幅来看，食品企业报告篇幅差异较大**

2014 年，食品企业社会责任报告篇幅的差异性较大，最短篇幅为 5 页，最长的为 154 页，且 77.1% 的报告在 40 页以下，其中半数报告在 20 页以下，27.1% 的报告在 20~40 页。华润（集团）有限公司的报告篇幅最长，达 154 页；其次是中粮集团，为 100 页。篇幅适宜的社会责任报告才能较为完整地覆盖企业

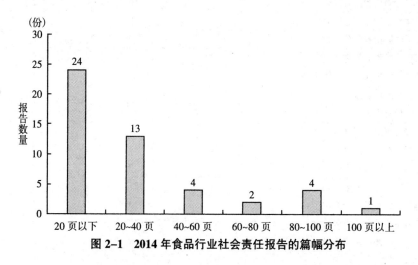

图 2-1　2014 年食品行业社会责任报告的篇幅分布

在社会责任方面的理念、制度、措施和绩效。

## （二）社会责任报告内容分析

**1. 从报告质量来看，食品企业报告质量参差不齐**

2014年，食品企业社会责任报告综合得分平均为34.5分，处于发展阶段，即二星级水平；各企业得分差距较大，其中，中国盐业总公司得分最高，处于四星半级水平，而行业内得分偏低的企业中，贵州和泰茶叶股份有限公司综合得分最低，处于一星级水平。

从实质性、完整性等六大性质看，食品企业社会责任报告六大性质得分差距较大，其中，实质性得分（47.0分）、可读性得分（40.1分）与完整性得分（31.3分）较高，均处于二星级水平；创新性得分（28.0分）、可比性得分（17.8分）、平衡性得分（14.2分）相对较低，处于一星级水平。企业社会责任报告平衡性得分较低是由于负面信息披露水平不高，这不利于利益相关方对企业社会责任实践和绩效进行综合评价。

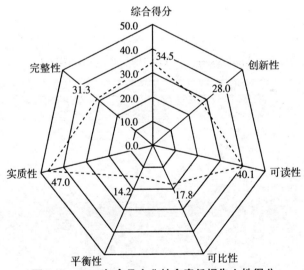

**图2-2　2014年食品企业社会责任报告六性得分**

**2. 从报告内容来看，食品企业更关注公益慈善**

2014年，食品行业社会责任报告披露的议题主要集中在企业公益慈善方面，其中，企业公益慈善的披露率最高，达到了71.70%，披露率最低的是大气污染防治议题，仅有 32.60% 的企业披露了该议题的相关信息。

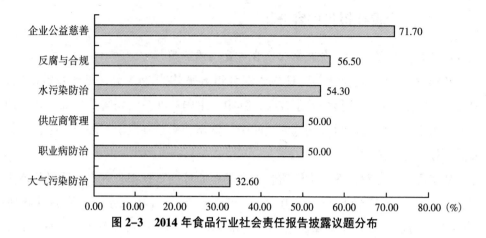

**图 2-3  2014 年食品行业社会责任报告披露议题分布**

# 第三章　食品行业社会责任议题

考虑到我国食品企业的发展水平和食品安全问题频发的现状，本书以国家现行的食品相关法律、法规及规划为基础，并选择性地借鉴了国内外食品行业的社会责任报告所关注的议题，形成了该行业在市场、社会和环境领域拥有不同于其他行业的特殊性社会责任议题。

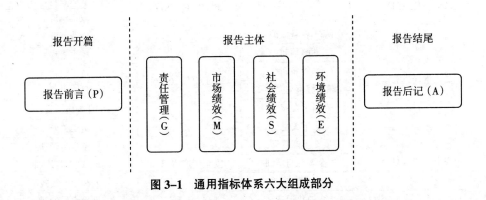

图 3-1　通用指标体系六大组成部分

# 一、市场绩效（M 系列）

表 3-1　市场绩效

| 一般框架责任议题 | | 食品行业责任议题 | |
|---|---|---|---|
| 股东责任（M1） | 股东权益保护 | 股东责任（M1） | 股东权益保护 |
| | 财务绩效 | | 财务绩效 |
| 客户责任（M2） | 基本权益保护 | 确保食品质量与安全（M2） | 保障食品安全 |
| | 产品质量 | | 食品研发与创新 |
| | 产品服务创新 | | 确保食品安全信息公开 |
| | 客户满意度 | | 客户责任 |

续表

| 一般框架责任议题 | | 食品行业责任议题 | |
|---|---|---|---|
| 伙伴责任（M3） | 促进产业发展 | 伙伴责任（M3） | 责任采购 |
| | 价值链责任 | | 食品供应链责任 |
| | 责任采购 | | 诚信经营与公平竞争 |

# 二、社会绩效（S 系列）

表 3–2　社会绩效

| 一般框架责任议题 | | 食品行业责任议题 | |
|---|---|---|---|
| 政府责任（S1） | 守法合规 | 政府责任（S1） | 守法合规 |
| | 政策响应 | | 政策响应 |
| 员工责任（S2） | 基本权益保护 | 员工责任（S2） | 创造就业 |
| | 薪酬福利 | | 民主管理 |
| | 平等雇佣 | | 员工权益 |
| | 职业健康与安全 | | 员工发展 |
| | 员工发展 | | 职业健康与安全 |
| | 员工关爱 | | 员工关爱 |
| 安全生产（S3） | 安全生产管理 | 安全生产（S3） | 安全生产管理 |
| | 安全教育与培训 | | 安全教育与培训 |
| | 安全生产绩效 | | 安全生产绩效 |
| 社区参与（S4） | 本地化运营 | 社区责任（S4） | 助力农村发展 |
| | 公益慈善 | | 公益慈善 |
| | 志愿者活动 | | 社区营养培训 |

# 三、环境绩效（E 系列）

表 3–3　环境绩效

| 一般框架责任议题 | | 食品行业责任议题 | |
|---|---|---|---|
| 绿色经营（E1） | 环境管理体系 | 环境管理（E1） | 环境管理体系 |
| | 环保培训 | | 环境应急机制 |
| | 环境信息披露 | | 环境影响评价 |
| | 绿色办公 | | 环保公益 |

续表

| 一般框架责任议题 | | 食品行业责任议题 | |
|---|---|---|---|
| 绿色工厂（E2） | 能源管理 | 绿色经营（E2） | 环保培训 |
| | 清洁生产 | | 清洁生产 |
| | 循环经济 | | 水资源管理 |
| | 节约水资源 | | 绿色采购 |
| | 减少温室气体排放 | | 绿色办公 |
| 绿色产品（E3） | 绿色供应链 | 绿色产品（E3） | 绿色低碳产品的研发 |
| | 绿色低碳产品研发 | | 环保包装/包装减量化 |
| | 产品包装物回收再利用 | | |
| 绿色生态（E4） | 生物多样性 | | |
| | 生态恢复与治理 | | |
| | 环保公益 | | |

# 指标篇

# 第四章　报告指标详解

《中国企业社会责任报告编写指南 3.0 之食品行业》中报告指标体系由六大部分构成：报告前言（P）、责任管理（G）、市场绩效（M）、社会绩效（S）、环境绩效（E）和报告后记（A），如图 4-1 所示。

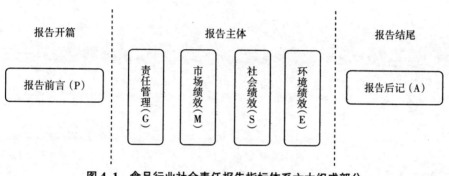

图 4-1　食品行业社会责任报告指标体系六大组成部分

## 一、报告前言（P 系列）

本板块依次披露报告规范、报告流程、高管致辞、企业简介（含公司治理概况）以及年度进展。

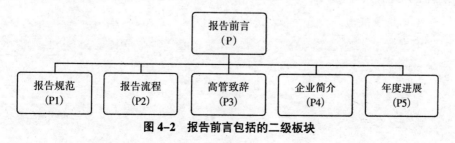

图 4-2　报告前言包括的二级板块

## （一）报告规范（P1）

扩展指标　P1.1 报告质量保证程序

**指标解读**：规范的程序是社会责任报告质量的重要保证。报告质量保证程序是指企业在编写社会责任报告的过程中通过什么程序或流程以确保报告披露信息正确、完整、平衡。

一般情况下，报告质量保证程序的要素主要有以下几方面：

● 报告是否有第三方认证以及认证的范围；

● 在企业内部，哪个机构是报告质量的最高责任机构；

● 在企业内部，报告的编写和审批流程。

**示例：**

蒙牛公司对报告中信息和数据的完整性和真实性负责，此次报告是蒙牛公司第二次公开发布的企业社会责任报告，并首次邀请第三方审验机构进行独立审验。

——《中国蒙牛乳业有限公司社会责任报告（2008-2013）》P67

核心指标　P1.2 报告信息说明

**指标解读**：本指标主要包括第几份社会责任报告、报告发布周期、报告参考标准和数据说明等。

**示例：**

**报告时间范围**

2008 年 1 月 1 日至 2013 年 12 月 31 日，以 2013 年为主。本报告数据截至 2013 年 12 月 31 日。

**报告组织范围**

中国蒙牛有限公司及分支机构。为便于表述和方便阅读，"中国蒙牛有限公司"在本报告中也以"蒙牛"、"公司"和"我们"表示。

**报告发布情况**

本报告是蒙牛发布的第二份社会责任报告。蒙牛于 2008 年发布了首份报告《蒙牛社会责任报告——共享成长（1999-2007）》。自 2014 年起，计划每两年发布一次社会责任报告。

**报告编制依据**

国际标准化组织《ISO26000：社会责任指南（2010)》

全球报告倡议组织《可持续发展报告指南（G4 版)》

香港联合交易所《环境、社会及管制报告指引》

**报告数据说明**

本报告引用的全部信息数据均来自公司正式文件、统计报告与财务报告，以及经由公司社会责任管理体系统计、汇总与审核的各职能部门、各经营单位的可持续发展相关信息。图片等素材由蒙牛员工及合作伙伴提供，是为了展现蒙牛员工及合作伙伴的形象，不用于任何商业用途。

**报告语言版本**

本报告有中文、英文两个版本。若内容理解不一致，请以报告中文版本为准。

**报告反馈建议**

若您对本报告有疑问或建议，请致函中国蒙牛乳业有限公司社会责任部

联系地址：北京市朝阳区建国门外大街甲 8 号国际财源中心大厦 A 座 29 层

电话：010-56570938

传真：010-56570900

网址：http：//www.mengniu.com.cn/

——《中国蒙牛乳业有限公司社会责任报告（2008-2013)》P2

核心指标 **P1.3 报告边界**

**指标解读：** 本指标主要指报告信息和数据覆盖的范围，如是否覆盖下属企业、合资企业以及供应链。

由于各种原因（如并购、重组等），一些下属企业或合资企业在报告期内无法纳入社会责任报告的信息披露范围，企业必须说明报告的信息边界。

此外，如果企业在海外运营，需在报告中说明哪些信息涵盖了海外运营组织；如果企业报告涵盖供应链，需对供应链信息披露的原则和信息边界做出说明。

> **示例：**
>
> 报告边界：中国蒙牛有限公司及分支机构。为便于表述和方便阅读，"中国蒙牛有限公司"在本报告中也以"蒙牛"、"公司"和"我们"表示。
>
> ——《中国蒙牛乳业有限公司社会责任报告（2008-2013）》P2

> **示例：**
>
> 本报告是北京三元食品股份有限公司（以下简称"三元"、"公司"或"我们"）2014 发布的第一份企业社会责任报告，披露了三元及所属单位在经济、环境和社会等方面的工作绩效，报告时间范围为 2014 年 1 月 1 日至 2014 年 12 月 31 日，部分内容数据超出上述范围。
>
> ——《北京三元食品股份有限公司 2014 年企业社会责任报告》扉 1

**核心指标** P1.4 报告体系

**指标解读：** 本指标主要指公司的社会责任信息披露渠道和披露方式。

社会责任信息披露具有不同的形式和渠道。部分公司在发布社会责任报告的同时发布国别报告、产品报告、环境报告、公益报告等，这些报告均是企业披露社会责任信息的重要途径，企业应在社会责任报告中对这些信息披露形式和渠道进行介绍。

> **示例：**
>
> **报告体系**
>
> 年度信息披露——年度社会责任报告（2010-2014 年）
>
> 日常信息披露——公司社会责任网站专栏：http://www.chinasalt.com.cn/shzr/syzy/
>
> ——《中国盐业总公司 2014 年社会责任报告》扉 1

**核心指标** P1.5 联系方式

**指标解读：** 本指标主要包括解答报告及其内容方面问题的联络人、联络方式以及报告获取方式及延伸阅读。

**示例：**

若您对本报告有疑问或建议，请致函中国蒙牛乳业有限公司社会责任部

联系地址：北京市朝阳区建国门外大街甲 8 号国际财源中心大厦 A 座 29 层

电话：010-56570938

传真：010-56570900

网址：http://www.mengniu.com.cn/

——《中国蒙牛乳业有限公司社会责任报告（2008-2013）》P2

## （二）报告流程（P2）

扩展指标 P2.1 报告编写流程

**指标解读：** 本指标主要指公司从组织、启动到编写、发布社会责任报告的全过程。完整、科学的报告编写流程是报告质量的保证，也有助于利益相关方更好地获取报告信息。

核心指标 P2.2 报告实质性议题选择程序

**指标解读：** 本指标包括在社会责任报告过程中筛选实质性议题的程序、方式和渠道；同时也包括实质性议题的选择标准。

企业在报告中披露实质性议题选择程序，对内可以规范报告编写过程、提升报告质量，对外可以增强报告的可信度。

**示例：**

2014 年，公司在研究利益相关方高度关注、社会普遍关心、国内外社会责任标准和最新理论研究强调的相关议题的基础上，通过公司领导讲话、利益相关方访谈等多种途径筛选中国盐业总公司社会责任核心议题，并根据利益相关方关注程度和对公司实际运营的影响程度进行排序，确定中国盐业总公司社会责任实质性议题的分析矩阵。

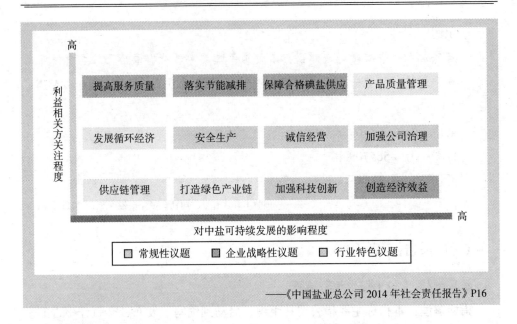

——《中国盐业总公司 2014 年社会责任报告》P16

扩展指标 P2.3 利益相关方参与报告编写过程的程序和方式

**指标解读：**本指标主要描述利益相关方参与报告编写的方式和程序。利益相关方参与报告编写可以增强报告的回应性，同时维持良好的多方关系。利益相关方参与报告编写的方式和程序包括但不限于：

● 利益相关方座谈会；

● 利益相关方访谈与调研；

● 利益相关方咨询等。

## （三）高管致辞（P3）

高管致辞是企业最高领导人（团队）对企业社会责任工作的概括性阐释，高管致辞代表了企业最高领导人（团队）对社会责任的态度和重视程度，主要包括两个方面的内容。

核心指标 P3.1 企业履行社会责任的机遇和挑战

**指标解读：**本指标主要描述企业实施社会责任工作的战略考虑及企业实施社会责任为企业带来的发展机遇。

**示例：**

"国不可一日无粮，家不可一日无米。"粮食行业始终是国民经济的基本命脉，也是社会稳定、国家富强的基础。党的十八大以来，党中央高度重视"三农"问题，特别是粮食安全和食品安全问题，中国经济进入"新常态"，面对国际粮食市场供求关系日趋紧张的局势，中国农业的发展面临着新的机遇和挑战。作为以农业和粮油食品为核心主业的国有骨干企业，中粮必须充分发挥农业龙头企业的带头作用，推进农业现代化建设，保障国家粮食安全和食品安全，实现国家战略和企业战略的有机统一。这是中粮所有业务的出发点，更是中粮企业社会责任的灵魂。

——《中国盐业总公司 2014 年社会责任报告》P3

[核心指标]　**P3.2 企业年度社会责任工作绩效与不足的概括总结**

**指标解读：**本指标主要指企业本年度在经济、社会和环境领域取得了哪些关键绩效，存在哪些不足以及如何改进。

**示例：**

2014 年，中粮收购尼德拉和来宝农业，为打造国际大粮商奠定了坚实的基础，迈出了中国农业企业海外发展、参与国际竞争的第一步。中粮一体化粮油食品产业链已经发展至亚太、黑海、北美、南美和欧洲等地区，形成一张覆盖全球的高效运营网络。2014 年，中粮海外业务营收超过 50%，资产和营收均超过 700 亿美元，在全球主要粮食企业中位居前三，不管是从规模上，还是布局上，中粮已经初步形成全产业链、多品种、全球布局的农业和粮油食品企业的大框架，不仅满足中国粮食适度进口的需要，进一步提高我国在全球粮食市场的话语权，也推动着国际粮食贸易的高效开展，促进全球农业发展。

——《中粮集团有限公司 2014 年社会责任报告》P5

## （四）企业简介（P4）

核心指标　P4.1 企业名称、所有权性质及总部所在地

**指标解读：** 本指标主要指公司在工商管理部门注册的名称、公司所有权的结构和最大股东的性质，以及公司总部所在地。企业社会责任具有地域相关性，公司所有制性质也决定了相应公司具有特殊的社会责任。

> **示例：**
>
> 华润（集团）有限公司在香港注册和运营，是国务院国资委直接监管和领导的 53 家国有重点骨干企业之一。华润的前身是 1938 年在香港成立的联和行，在各个历史时期，华润都承担过重要历史使命，为新中国的成立发展和香港的繁荣稳定，做出了独特的贡献。经过 70 多年的艰苦创业和锐意进取，今日华润已经发展为中国内地和香港最具实力的多元化企业。
>
> ——《华润（集团）有限公司 2013 年社会责任报告》P8

核心指标　P4.2 企业主要品牌、产品及服务

**指标解读：** 通常情况下，企业对社会和环境的影响主要通过其向社会提供的产品和服务实现。因此，企业应在报告中披露其主要品牌、产品和服务，以便于报告使用者全面理解企业的经济、社会和环境影响。

> **示例：**
>
> 中国蒙牛乳业有限公司，在香港联合交易所上市。为消费者提供多元化的产品与服务，包括液体奶（如 UHT 奶、乳饮料及酸奶）、冰激凌、奶粉及其他乳制品（如奶酪等）。2013 年，蒙牛液体奶荣列全国市场同类产品销量、销售额第一名。
>
> ——《中国蒙牛乳业有限公司社会责任报告（2008–2013）》P3

核心指标　P4.3 企业运营地域，包括运营企业、附属及合营机构

**指标解读：** 企业运营地域、运营企业界定了其社会和环境影响的地域及组织，因此，企业在报告中应披露其运营企业，对于海外运营企业还应披露其运营地域。

示例：

目前，华润集团下设七大战略业务单元，14 家一级利润中心，实体企业 1952 家，员工 50 万人。华润在香港拥有 5 家上市公司。

——《华润（集团）有限公司 2013 年社会责任报告》P7

核心指标　P4.4 按产业、顾客类型或地域划分的服务市场

**指标解读：** 企业的顾客类型、服务地域和服务市场界定了其社会和环境影响的范围，因此，企业应在报告中披露其服务对象和服务市场。

示例：

产业分布

2014 年，中国盐业总公司实现销售收入 316 亿元，盐产量 1470 万吨，化工产品产能 1487 万吨，拥有 11 大制盐基地和 7 大化工基地，为全国 4.2 亿人口供应和配送食盐，覆盖国土面积 36%

——《中国盐业总公司 2014 年社会责任报告》P7

核心指标 P4.5 按雇佣合同（正式员工和非正式员工）和性别分别报告从业员工总数

**指标解读：**从业人员指年末在本企业实际从事生产经营活动的全部人员。包括：在岗的职工（合同制职工）、临时工及其他雇佣人员、留用人员，不包括与法人单位签订劳务外包合同的人员，同样不包括离休、退休人员。

**示例：**

公司严格执行国家《劳动合同法》等法律法规，尊重人权，保护员工隐私，坚持平等雇佣和同工同酬制度，落实员工带薪休假制度，畅通员工诉求渠道，保障员工权益。

| 指标 | 2012 年 | 2013 年 | 2014 年 |
|---|---|---|---|
| 报告期内吸纳就业人数（人） | 2388 | 2036 | 2046 |
| 劳动合同签订率（%） | 100 | 100 | 100 |
| 社会保险覆盖率（%） | 100 | 100 | 100 |
| 每年人均带薪休假天数（天） | 8 | 8 | 8 |
| 女性管理者比例（%） | 30 | 30 | 30 |
| 残疾人雇佣率（%） | 0.5 | 0.5 | 0.5 |
| 体检及健康档案覆盖率（%） | 100 | 100 | 100 |
| 员工满意度（%） | 80 | 75 | 75 |
| 员工流失率（%） | 4 | 6 | 7.35 |

——《中国盐业总公司 2014 年社会责任报告》P44

扩展指标 P4.6 列举企业在协会、国家组织或国际组织中的会员资格或其他身份

**指标解读：**企业积极参与协会组织以及国际组织，一方面是企业自身影响力的表现，另一方面可以发挥自身在协会等组织的影响力，带动其他企业履行社会责任。

扩展指标 P4.7 报告期内关于组织规模、结构、所有权或供应链的重大变化

**指标解读：**本指标指社会责任报告披露社会责任信息所在的时期内，企业在规模方面、结构方面、所有权方面或者供应链方面发生的变化。

## （五）年度进展（P5）

社会责任年度进展主要包括报告期内企业社会责任工作的年度变化、取得的关键绩效以及报告期内企业所获重大荣誉。

**核心指标**　P5.1 年度社会责任重大工作

**指标解读：** 年度社会责任重大工作主要指从战略行为和管理行为的角度出发，企业在报告年度内做出的管理改善，包括但不限于：

- 制定新的社会责任战略；
- 建立社会责任组织机构；
- 在社会责任实践领域取得的重大进展；
- 下属企业社会责任重大进展等。

---

**示例：**

2014 年，中国盐业总公司组织编写《中国盐业发展报告 2014》，综述中国盐业总体发展状况，以进一步指导盐行业未来发展方向，为政府部门实施宏观调控和企业投资经营提供参考依据。2014 年，公司再度入选企业社会责任蓝皮书优秀案例，并蝉联食品饮料行业社会责任发展指数第一名。

——《中国盐业总公司 2014 年社会责任报告》P18

---

**核心指标**　P5.2 年度责任绩效

**指标解读：** 年度责任绩效主要从定量的角度出发披露公司在报告期内取得的重大责任绩效，包括但不限于：

- 财务绩效；
- 客户责任绩效；
- 伙伴责任绩效；
- 员工责任绩效；
- 社区责任绩效；
- 环境责任绩效等。

**示例：**

| 社会绩效 | 2012 年 | 2013 年 | 2014 年 |
|---|---|---|---|
| 供应碘盐地区数（省、市、自治区） | 18 | 18 | 18 |
| 供应碘盐人口数（亿人） | 4.2 | 4.2 | 4.2 |
| 碘盐覆盖人口比率（%） | 99 | 99 | 99 |
| 碘盐合格率（%） | 100 | 100 | 100 |
| 客户满意度（%） | 99 | 99 | 99 |
| 研发投入（亿元） | 4.13 | 3.94 | 7.93 |
| 研发人员数量（人） | 3724 | 3105 | 3822 |
| 研发人员占员工总数的比重（%） | 8 | 7.6 | 11.3 |
| 新增专利数（个） | 22 | 23 | 76 |

| 环境绩效 | 2012 年 | 2013 年 | 2014 年 |
|---|---|---|---|
| 单位产值能耗（吨标准煤/万元） | 1.65 | 1.7189 | 1.261617 |
| 环保总投入（万元） | 34316 | 20000 | 29000 |
| 单位产值水耗（吨/万元） | 17.22 | 17.93 | 14.79 |
| 氮氧化物排放量（万吨） | 1.43 | 1.14 | 1.06 |
| 新鲜水使用量（万吨） | 4713.40 | 5374.17 | 2026.04 |
| 重大化学品泄漏事故发生次数（次） | 0 | 0 | 0 |
| $SO_2$ 排放量（吨） | 18163 | 18001 | 12034 |
| COD 排放量（吨） | 1517 | 1492.59 | 1282.1 |
| 万元增加值综合能耗（吨标准煤/万元） | 6.45 | 6.49 | 6.79 |
| 环保培训覆盖率（%） | 100 | 100 | 100 |
| 视频会议次数（次） | 16 | 14 | 20 |

——《中国盐业总公司 2014 年社会责任报告》P73

核心指标　**P5.3 年度责任荣誉**

**指标解读：** 本指标主要指公司在报告期内在责任管理、市场责任、社会责任和环境责任方面获得的重大荣誉奖项。

**示例：**

世界 500 强企业第 143 位（《财富》杂志）

2014 年中央企业经营考核综合排名第 6（国务院国资委）

2014 年企业公益表现为"五星级企业"，列中国企业公益发展指数排名第一位。华润希望小镇项目被评为五星级公益项目，列 50 佳公益项目第一名（中国社会科学院）

中国企业 200 强公众透明度最佳社会责任报告奖（中国企业管理研究会社会责任专业委员会与北京融智企业社会责任研究所）

"企业绿色管治奖"之企业使命奖、"优越环保管理奖"金奖和"超卓环境安全及健康奖"金奖，并被评为"杰出连续获奖机构（3 年或以上）"（香港环保促进会）

金蜜蜂社会责任报告领袖奖（《WTO 经济导刊》）

华润慈善基金会获评全国 5A 级基金会（国家民政部）

——《华润（集团）有限公司 2014 年社会责任报告》P19

# 二、责任管理（G 系列）

有效的责任管理是企业实现可持续发展的基石。企业应该推进企业社会责任管理体系的建设，并及时披露相关信息。根据最新研究成果[①]，企业社会责任管理体系包括责任战略、责任治理、责任融合、责任绩效、责任沟通和责任能力六大部分。其中，责任战略的制定过程实际上是企业社会责任的计划（Plan—P）；责任治理、责任融合的过程实际上是企业社会责任的执行（Do—D）；责任绩效和报告是对企业社会责任的评价（Check—C）；责任沟通和责任能力调查、研究自己社会责任工作的开展情况、利益相关方意见的反馈以及将责任绩效反馈到战略的过程就是企业社会责任的改善（Act—A）。这六项工作整合在一起构成了一个

---

① 该框架系国资委软课题《企业社会责任推进机制研究》成果，课题组组长：彭华岗，副组长：楚序平、钟宏武，成员：侯洁、陈锋、张璟平、张蕙、许英杰。

周而复始、闭环改进的 PDCA 过程，推动企业社会责任管理持续发展。

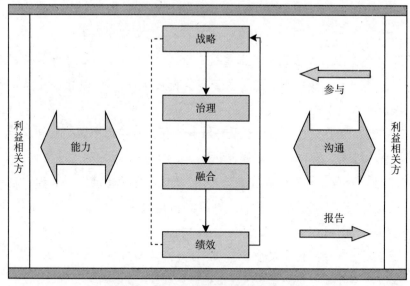

**图 4-3　企业社会责任管理的六维框架**

# （一）责任战略（G1）

社会责任战略是指公司在全面认识自身业务对经济社会环境影响、全面了解利益相关方需求的基础上，制定明确的社会责任理念、核心议题和社会责任规划，包括三个方面。

核心指标　G1.1 社会责任理念、愿景、价值观

**指标解读：**本指标描述企业对经济、社会和环境负责任的经营理念、愿景及价值观。

责任理念是企业履行社会责任的内部驱动力和方向，企业应该树立科学的社会责任观，用以指导企业的社会责任实践。

**示例：**

在蒙牛，我们将社会责任融入日常运营和管理之中，希望通过企业社会责任创新，携手合作伙伴，共建可持续生态圈，共创社会价值，共同推进可持续发展。

——《中国蒙牛乳业有限公司社会责任报告（2008-2013）》P9

扩展指标 G1.2 企业签署的外部社会责任倡议

**指标解读：** 企业签署外部社会责任倡议体现了其对社会责任的重视，同时，外部社会责任倡议也是公司履行社会责任的外部推动力。

核心指标 G1.3 辨识企业的核心社会责任议题

**指标解读：** 本指标主要描述企业辨识社会责任核心议题的工具和流程，以及企业的核心社会责任议题包括的内容。企业辨识核心社会责任议题的方法和工具包括但不限于：

● 利益相关方调查；

● 高层领导访谈；

● 行业背景分析；

● 先进企业对标等。

**示例：**

**评分**

集团采用问卷调查的方式，邀请不同类别的利益相关方代表对各项实质性议题进行打分。

**问卷调查**

共回收有效问卷 47 份，内外部相关方代表占比约为 1∶2。内部利益相关方（股东、管理者、普通员工）根据议题对中粮的重要程度评分，其他利益相关方（供应商、消费者、客户、农户、政府）根据议题对自身的重要程度评分。

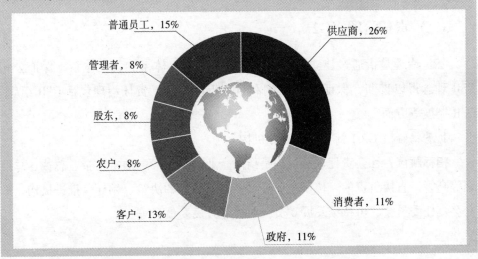

**排序**

基于实质性评估打分结果对议题进行排序，筛选出具有较强实质性的议题，作为报告重点披露内容。

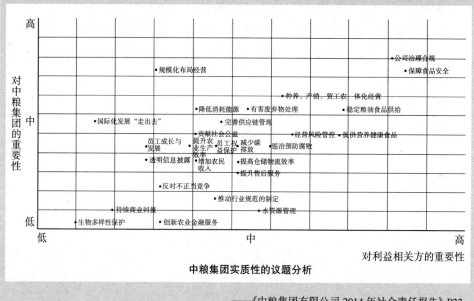

中粮集团实质性的议题分析

——《中粮集团有限公司 2014 年社会责任报告》P22

扩展指标 **G1.4 企业社会责任规划**

**指标解读：** 社会责任规划是企业社会责任工作的有效指引。本指标主要描述企业社会责任工作总体目标、阶段性目标、保障措施等。

## （二）责任治理（G2）

CSR 治理是指通过建立必要的组织体系、制度体系和责任体系，保证公司 CSR 理念得以贯彻，保证 CSR 规划和目标得以落实。责任治理包括 CSR 组织、CSR 制度等方面。

扩展指标 **G2.1 社会责任领导机构**

**指标解读：** 社会责任领导机构是指由企业高层领导（通常是企业总裁、总经理等高管）直接负责的、位于企业委员会层面最高的决策、领导、推进机构，如社会责任委员会、可持续发展委员会、企业公民委员会等。

示例：

蒙牛以公司社会责任委员会、社会责任工作办公室及各业务系统的现有社会责任联络员为基础，逐步建立机构完整、权责明确、上下联动、运转高效的社会责任组织体系，实现社会责任组织机构在总部、业务系统、下属企业的全面覆盖，形成三级联动机制。

——《中国蒙牛乳业有限公司社会责任报告（2008-2013）》P10

**扩展指标** G2.2 利益相关方与企业最高治理机构之间沟通的渠道或程序

**指标解读：** 利益相关方与最高治理机构之间的沟通和交流是利益相关方参与的重要内容和形式。企业建立最高治理机构和利益相关方之间的沟通渠道有助于从决策层高度加强与利益相关方的交流，与利益相关方建立良好的伙伴关系。

示例：

依法刊登公司年度股东大会或临时股东大会的通知公告，公司董事长、总经理和其他高管人员在股东大会上与股东进行面对面交流，回答股东关心的问题。

——《北京三元食品股份有限公司 2014 年企业社会责任报告》P51

**核心指标** G2.3 建立社会责任组织体系

**指标解读：** 本指标主要包括两个方面的内容：①明确或建立企业社会责任工作的责任部门；②企业社会责任工作部门的人员配置情况。

一般而言，社会责任组织体系包括以下三个层次：

● 决策层，主要由公司高层领导组成，负责公司社会责任相关重大事项的审议和决策；

● 组织层，公司社会责任工作的归口管理部门，主要负责社会责任相关规划、计划和项目的组织推进；

● 执行层，主要负责社会责任相关规划、计划和项目的落实执行。

示例：

社会责任委员会是蒙牛推进可持续发展的重要组织保障。由公司总裁亲任委员会主任，各系统负责人任副主任，负责明确公司社会责任战略发展方向、督促社会责任工作开展和考核评估社会责任工作绩效。社会责任委员会下设社会责任办公室，负责协调公司社会责任委员会小组工作推进。围绕履行社会责任的领域，成立社会责任委员会工作小组，邀请专业合作伙伴作为外部顾问，实现公司内外跨系统、跨领域的协力合作。

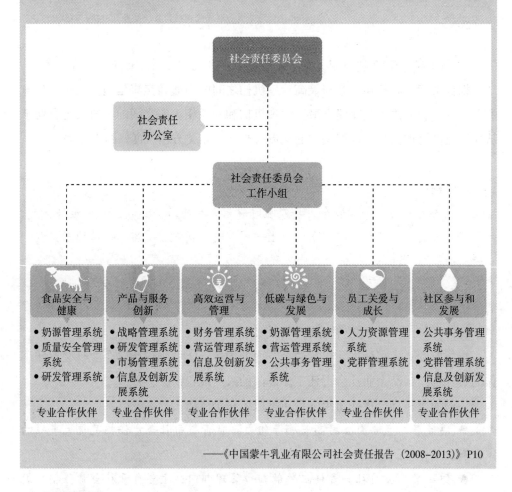

——《中国蒙牛乳业有限公司社会责任报告（2008–2013）》P10

核心指标　G2.4 企业内部社会责任的职责与分工

**指标解读：**由于社会责任实践由公司内部各部门具体执行，因此，在企业内部必须明确各部门的社会责任职责与分工。

**示例：**

蒙牛以公司社会责任委员会、社会责任工作办公室及各业务系统的现有社会责任联络员为基础，逐步建立机构完整、权责明确、上下联动、运转高效的社会责任组织体系，实现社会责任组织机构在总部、业务系统、下属企业的全面覆盖，形成三级联动机制。

社会责任委员会是蒙牛推进可持续发展的重要组织保障。由公司总裁亲任委员会主任，各系统负责人任副主任，负责明确公司社会责任战略发展方向、督促社会责任工作开展和考核评估社会责任工作绩效。社会责任委员会下设社会责任办公室，负责协调公司社会责任委员会小组工作推进。围绕履行社会责任的领域，成立社会责任委员会工作小组，邀请专业合作伙伴作为外部顾问，实现公司内外跨系统、跨领域的协力合作。

——《中国蒙牛乳业有限公司社会责任报告（2008–2013）》P10

扩展指标　G2.5 社会责任管理制度

**指标解读：** 社会责任工作的开展落实需要有力的制度保证。企业社会责任管理制度包括社会责任沟通制度、信息统计制度、社会责任报告的编写发布等制度。

**示例：**

集团的社会责任管理制度由组织保障、规划推动、指标体系、沟通传播、检查考核、经费保障等内容组成，实施细则包括集团和利润中心层面的关键绩效指标、关键绩效统计指标。依据该项制度，制订责任计划，推动责任实践，编制社会责任报告。

| 制度名称 | 关注重点 |
|---|---|
| ● 华润集团社会责任工作管理办法<br>● 华润集团社会责任管理关键绩效体系（通用）<br>● 华润集团社会责任个性化绩效指标<br>● 华润集团社会责任关键绩效统计指标 | ● 组织保障<br>● 规划推动<br>● 指标体系<br>● 沟通传播<br>● 检查考核<br>● 经费保障 |

——《华润（集团）有限公司2014年社会责任报告》P49

## （三）责任融合（G3）

责任融合指企业将 CSR 理念融入企业经营发展战略和日常运营，包括三个方面。

扩展指标　G3.1 推进下属企业社会责任工作

**指标解读：** 本指标主要描述公司下属企业的社会责任工作情况，包括下属企业发布社会责任报告、对下属企业进行社会责任培训、在下属企业进行社会责任工作试点、对下属企业社会责任工作进行考核与评比等。

> **示例：**
>
> 为推动"以编促管"的社会责任工作机制深入开展，提升集团社会责任报告中实质性议题披露质量，2014 年华润集团要求所有直属企业都要编制社会责任报告，此项工作顺利进行，在 8 月底各单位社会责任报告完成独立报告或简版报告编制，并全部在官网刊载披露。随后，集团对各企业发布的社会责任报告进行评价，提出指导性意见，从而推动提升责任能力，改进报告编制质量。
>
> ——《华润（集团）有限公司 2014 年企业社会责任报告》P51

扩展指标　G3.2 推动供应链合作伙伴履行社会责任

**指标解读：** 本指标包括两个层次：描述企业对合作机构、同业者以及其他组织履行社会责任工作的倡议；推进下游供应链企业的社会责任意识的提高。

> **示例：**
>
> 集团高度重视利益相关方要求华润在发展中走正路、利益共享、合作共赢的呼声，一年来，我们努力通过建立战略共享机制及平台，开展政企、企企、产学研合作，实现互惠互利，促进行业进步；通过开展公平竞争，参与行业组织，实现良性竞争中的合作共赢；通过开展阳光采购行动，建立供应链反腐败机制；通过向供应链推广华润社会责任理念要求，推广责任采购，引导供应链客户践行社会责任；通过加强舆情管理，促进媒体合作，改善媒体关系，加强风险控制，树立负责任的企业形象。
>
> ——《华润（集团）有限公司 2014 年企业社会责任报告》P104

## （四） 责任绩效 （G4）

社会责任绩效指企业建立社会责任指标体系，并进行考核评价，确保社会责任目标的实现，包括四个方面。

扩展指标 G4.1 构建企业社会责任指标体系

**指标解读：** 本指标主要描述企业社会责任评价指标体系的构建过程和主要指标。建立社会责任指标体系有助于企业监控社会责任的运行情况。

**示例：**

完善统计平台。华润集团社会责任关键绩效体系由社会责任领域、关键绩效、战略业务单元和一级利润中心个性化绩效指标组成。2014 年集团各部室依据职责，进一步完善关键绩效指标统计平台，推动各直属企业对接统计报送系统，加强了数据统计分析。

| 社会责任领域 | | 关键绩效 | |
|---|---|---|---|
| 七大责任领域 | 27 项责任议题 | 集团共性指标 103 个 | 利润中心个性指标 67 个 |

——《华润（集团）有限公司 2014 年社会责任报告》P54

扩展指标 G4.2 依据企业社会责任指标进行绩效评估

**指标解读：** 本指标主要描述企业运用社会责任评价指标体系，对履行企业社会责任的绩效进行评价的制度、过程和结果。

扩展指标 G4.3 企业社会责任优秀评选

**指标解读：** 本指标主要描述企业内部的社会责任优秀单位、优秀个人评选或优秀实践评选相关制度、措施及结果。

**示例：**

自 2010 年起，华润集团开始评选社会责任最佳实践，在每年 4 月召开的华润集团经理人年会上，对表现优异的企业予以表彰，引导企业树立起华润的社会责任使命和意识。本年度该奖项从各单位申报的 19 个项目中产生。

——《华润（集团）有限公司 2013 年社会责任报告》P58

核心指标 G4.4 企业在经济、社会或环境领域发生的重大事故，受到的影响和处罚以及企业的应对措施

**指标解读**：如果报告期内企业在经济、社会或环境等领域发生重大事故，企业应在报告中如实披露，并详细披露事故的原因、现状和整改措施。

# （五）责任沟通（G5）

责任沟通指企业就自身社会责任工作与利益相关方开展交流，进行信息双向传递、接收、分析和反馈。

核心指标 G5.1 企业利益相关方名单

**指标解读**：利益相关方是企业的履责对象，企业必须明确自身经营相关的利益相关方，并在报告中列举利益相关方名单。

**示例：**

| 利益相关方 | 利益相关方期望 | 中盐郑重回应 |
|---|---|---|
| 政府 | ◆ 贯彻宏观政策<br>◆ 保障合格碘盐供应<br>◆ 推动行业发展<br>◆ 守法合规，公平竞争<br>◆ 依法纳税，稳定就业 | ◆ 定期汇报工作进展<br>◆ 参与政策调研与制定<br>◆ 参与政府项目<br>◆ 参与各地方政府与央企对接会<br>◆ 与地方政府友好洽谈 |
| 投资人 | ◆ 确保国有资产保值增值<br>◆ 加快发展，做强做优 | ◆ 投资者会议<br>◆ 报表和拜访<br>◆ 定期汇报工作进展 |
| 客户 | ◆ 确保产品安全优质<br>◆ 满足客户多元需求<br>◆ 提供营销配置服务<br>◆ 提升服务水平<br>◆ 恪守商业道德 | ◆ 客户满意度调查<br>◆ 客户意见收集<br>◆ 客户跟踪回访<br>◆ 客户投诉处理 |
| 员工 | ◆ 保障基本权益<br>◆ 提供合理的薪酬福利<br>◆ 促进技能提升及职业发展<br>◆ 创造良好的工作环境 | ◆ 组织召开职工代表大全<br>◆ 收集、研究员工意见与建议<br>◆ 员工培训与反馈<br>◆ 平衡员工工作与生活 |
| 合作伙伴 | ◆ 推动行业技术进步<br>◆ 提升行业管理水平<br>◆ 延伸产业链，拓展产业服务<br>◆ 推进合作共赢 | ◆ 参与行业组织交流<br>◆ 供应链管理与合作<br>◆ 参与制定行业政策/标准<br>◆ 代表行业反映有关意见建议 |

| 社区 | ◆ 关注民生状况<br>◆ 投身社会公益<br>◆ 服务社会发展 | ◆ 交流活动<br>◆ 社区沟通<br>◆ 社区公益活动<br>◆ 社区共建 |
|---|---|---|
| 环境 | ◆ 合理利用资源<br>◆ 落实节能减排<br>◆ 发展低碳经济<br>◆ 完善 HSE 管理 | ◆ 完善环境管理体系<br>◆ 与研保部门和出体保持沟通<br>◆ 学习、交流国内外先进经验 |

——《中国盐业总公司 2014 年社会责任报告》P19

扩展指标　G5.2 识别及选择核心利益相关方的程序

**指标解读：**由于企业利益相关方众多，企业在辨识利益相关方时必须采用科学的方法和程序。

核心指标　G5.3 利益相关方的关注点和企业的回应措施

**指标解读：**本指标包含两个方面的内容：①对利益相关方的需求及期望进行调查；②阐述各利益相关方对企业的期望以及企业对利益相关方期望进行回应的措施。

**示例：**

利益相关方沟通

| 利益相关方 | 期望 | 沟通与回应渠道 |
|---|---|---|
| 股东与投资者 | 资产保值增值<br>防范经营风险<br>开拓新市场与新机会 | 企业年报和公告<br>路演 |
| 政府与监管机构 | 合规运营<br>依法纳税<br>贡献地方经济发展 | 监管考核<br>主动纳税<br>专项会议 |
| 消费者 | 安全健康的产品<br>畅通的沟通渠道 | 企业微博<br>企业微信 |
| 供应商 | 公开、公平、公正采购<br>诚实守信<br>信息保密 | 供应商大会<br>供应商分级管理 |

| | | |
|---|---|---|
| 城市经理人 | 互利共赢<br>共同成长 | 经销商大会<br>决策管理委员会 |
| 环境 | 环境保护<br>节能减排 | 在线监测网站<br>网络微博 |
| 员工 | 职业健康<br>工资与福利保障<br>搭建成长平台<br>工作与生活平衡 | 管理者信箱<br>职工代表大会<br>培训交流 |
| 社区 | 促进就业<br>当地经济发展 | 提供就业岗位<br>拉动地方相关产业发展<br>改善当地基础设施建设 |

——《中国蒙牛乳业有限公司社会责任报告（2008–2013）》P12

核心指标 **G5.4 企业内部社会责任沟通机制**

**指标解读：** 本指标主要描述企业内部社会责任信息的传播机制及媒介。企业内部社会责任沟通机制包括但不限于：

- 内部刊物，如《社会责任月刊》、《社会责任通讯》等；
- 在公司网站建立社会责任专栏；
- 社会责任知识交流大会；
- CSR 内网等。

**示例：**

开展培训。2014 年完成教学课件《华润社会责任管理与实践》的开发，全面梳理总结了华润在社会责任管理及实践方面的理念、经验及做法，已在华润大学、新员工训练营、CSR 职能线开展了培训，传播社会责任知识，提高社会责任认识，推动责任工作开展。

建立工作平台。在华润知识库管理系统上完成社会责任工作平台的开发，主要用于社会责任报告编制工作。该平台具有资料上载、分享、工作部署、讨论沟通、督促指导等功能，通过信息化手段推进社会责任管理及报告编制工作，提升管理效率。

——《华润（集团）有限公司 2014 年企业社会责任报告》P52、p54

G5.5 企业外部社会责任沟通机制

**指标解读：** 本指标主要描述企业社会责任信息对外部利益相关方披露的机制及媒介，如发布社会责任报告、召开及参加利益相关方交流会议、工厂开放日等。

**示例：**

工厂开放日

● 定期组织消费者参观蒙牛工厂。

● 为消费者普及牛奶相关知识。

——《中国蒙牛乳业有限公司社会责任报告（2008-2013）》P22

核心指标 G5.6 企业高层领导参与的社会责任沟通与交流活动

**指标解读：** 本指标主要描述企业高层领导人参加的国内外社会责任会议，以及会议发言、责任承诺等情况。

**示例：**

● 参加中国社科院"社会责任中国行"活动，赴南方电网、深圳华为等标杆企业调研学习。

● 华润代表在第七届中国企业社会责任报告国际研讨会领取奖项并在专题论坛上与参会者互动交流，分享经验。

● 在中国社科院"公益大讲堂"讲授华润希望小镇的理念与实践。

——《华润（集团）有限公司2014年企业社会责任报告》P53

## （六）责任能力（G6）

责任能力指企业通过开展社会责任课题研究、参与社会责任交流和研讨活动提升组织知识水平；通过开展社会责任培训与教育活动提升组织员工的社会责任意识。

扩展指标 G6.1 开展 CSR 课题研究

**指标解读：** 由于社会责任是新兴课题，企业应根据社会责任理论与实践的需要自行开展社会责任调研课题，把握行业现状和企业自身情况，以改善企业社会责任管理，优化企业社会责任实践。

**示例：**

积极参与食品安全等行业热点社会责任研究课题，提升公司整体社会责任工作水平。

——《中国盐业总公司 2014 年社会责任报告》P18

扩展指标　　G6.2 参与社会责任研究和交流

**指标解读：**本指标主要指企业通过参与国内外、行业内外有关社会责任的研讨和交流，学习、借鉴其他企业和组织的社会责任先进经验，进而提升本组织的社会责任绩效。

**示例：**

中国盐业总公司高度重视责任能力建设，2014 年多次参加由国务院国资委、中国社科院举办的社会责任培训，努力提升员工责任意识；积极参与食品安全等行业热点社会责任研究课题，提升公司整体社会责任工作水平；组织中国社科院社会责任领域专家参观考察中盐所属企业，提升中盐所属企业的社会责任工作水平。

——《中国盐业总公司 2014 年社会责任报告》P18

扩展指标　　G6.3 参与国内外社会责任标准的制定

**指标解读：**企业参与国内外社会责任标准的制定，一方面促进了自身社会责任相关议题的深入研究，另一方面也提升了社会责任标准的科学性、专业性。

**示例：**

参与行业标准制定。华润积极参与中国社会科学院《社会责任报告编制指南 2.0、3.0》的编制咨询工作，同时，推动华润医药、华润置地等 6 家下属企业参与《社会责任报告行业编制指南》的编制咨询，其中，华润医药参与的医药行业 CSR 报告编制标准已通过专家验收，有效发挥了华润的社会责任影响力，带动了行业履责。

——《华润（集团）有限公司 2014 年社会责任报告》P52

**核心指标** G6.4 通过培训等手段培育负责任的企业文化

**指标解读:** 企业通过组织、实施社会责任培训计划,提升员工的社会责任理念,使员工成为社会责任理念的传播者和实践者。

> **示例:**
>
> 2015 年 3 月,三元召开社会责任培训。中国社会科学院经济学部企业社会责任研究中心主任钟宏武应邀为公司高层领导、各部门社会责任联络人讲解了中国社会责任的发展历史、现状、社会责任管理以及乳业企业社会责任等内容。
>
> ——《北京三元食品股份有限公司 2014 年企业社会责任报告》P11

# 三、市场绩效 (M 系列)

市场绩效描述企业在市场经济中负责任的行为。企业的市场绩效责任可分为对自身健康发展的经济责任和对市场上其他利益相关方(主要是客户及商业伙伴)的经济责任。

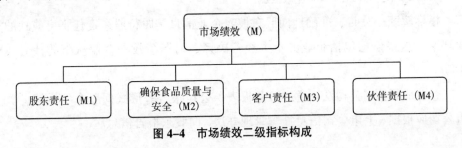

**图 4-4 市场绩效二级指标构成**

## (一) 股东责任① (M1)

股东责任主要包括股东权益保护与财务绩效两个方面,资产保值增值用资产的成长性、收益性和安全性三个指标进行表现。

---

① 这里的股东采取宽泛的概念,泛指企业所有的出资人或投资人。

1. 股东权益保护

核心指标 M1.1 股东参与企业治理的政策和机制

**指标解读**：本指标主要描述股东参与企业治理的政策和机制，这些政策和机制包括但不限于股东大会、临时性股东大会等。

**示例：**

### 投资者关系管理主要方式

| | |
|---|---|
| 信箱和热线 | 设立投资者交流信箱：zhengquanbu@sanyuan.com.cn，投资者热线电话：010-56306096/6020，常年接听投资者来电咨询，耐心解答投资者的质疑，澄清市场不实传闻 |
| 网站新闻 | 在公司网站（http://www.sanyuan.com.cn）及时刊登公司近期发生的新闻、企业动态等，使投资者和社会公众全面了解公司经营情况，并设置"投资者关系"专栏，及时更新相关信息 |
| 股东大会 | 依法刊登公司年度股东大会或临时股东大会的通知公告，公司董事长、总经理和其他高管人员在股东大会上与股东进行面对面交流，回答股东关心的问题 |
| 接待来访 | 公司通过接待机构或个人投资者的来访、实地参观等活动，使投资者了解公司发展经营情况 |

——《北京三元食品股份有限公司 2014 年企业社会责任报告》P51

核心指标 M1.2 规范信息披露

**指标解读**：及时、准确地向股东披露企业信息是履行股东责任不可或缺的重要环节，这些信息包括企业的重大经营决策、财务绩效和企业从事的社会实践活动。

企业应根据《公司法》通过财务报表、公司报告等形式向股东提供信息。上市公司应根据《上市公司信息披露管理办法》向股东报告信息。

**示例：**

为了加强公司与投资者之间的信息沟通，促进公司与投资者之间的良性互动，倡导理性投资，三元制定《投资者关系工作制度》和《信息披露管理办法》，严格遵守国家法律法规以及上海证券交易所对上市公司信息披露的各项规定，充分披露公司经营和发展信息。公司开展各种形式的投资者关系活动，促进投资者对公司的了解，为投资者做出理性的投资决策提供支持，实现公司价值最大化和股东利益最大化。

——《北京三元食品股份有限公司 2014 年企业责任报告》P51

2. 财务绩效

核心指标 **M1.3 成长性**

**指标解读：** 本指标即报告期内营业收入及增长率等与企业成长性相关的其他指标。

**示例：**

| 发展绩效 | 2012 年 | 2013 年 | 2014 年 |
|---|---|---|---|
| 总资产（亿元） | 464.37 | 481.97 | 473.89 |
| 营业收入（亿元） | 273.65 | 273.55 | 316.81 |
| 利润总额（亿元） | 5.11 | 1.11 | 1.21 |
| 应交税费总额（亿元） | 19.23 | 18.57 | 17.96 |
| 守法合规训练覆盖率（%） | 100 | 100 | 100 |

——《中国盐业总公司 2014 年社会责任报告》P72

核心指标 **M1.4 收益性**

**指标解读：** 本指标即报告期内的净利润增长率、净资产收益率和每股收益等与企业经营收益相关的其他指标。

一般来说，利润总额指企业在报告期内实现的盈亏总额，来源于损益表中利润总额项的本年累计数；净利润指在利润总额中按规定缴纳所得税后公司的利润留存，一般也称为税后利润或净收入；净资产收益率，又称股东权益收益率，是净利润与平均股东权益的百分比，是公司税后利润除以净资产得到的百分比。

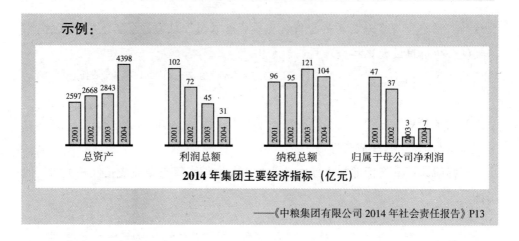

**示例：**

**2014 年集团主要经济指标（亿元）**

核心指标　M1.5 安全性

**指标解读**：本指标即报告期内的资产负债率等与企业财务安全相关的其他指标。

## （二）确保食品质量与安全（M2）

确保食品质量与安全板块主要描述企业对消费者的责任，包括确保食品安全、食品研发与创新、确保食品安全信息公开三个方面。

1. 确保食品安全

核心指标　M2.1 原材料质量安全保障

**指标解读**：本指标主要是指，为保障食品安全，食品企业应对供应商提供的原材料进行安全卫生审核。

**示例：**

　　2014 年，集团启动基地管理建设，组织各产业链绘制原料质量安全风险 GIS 地图，这项工作在国内食品企业中尚属首创，进一步实现了原料风险的等级划分、动态标注、实时预警，为原料采购和选址布局提供了指导。

　　供应商管理也是源头管理的重中之重，中粮对现有的供应商进行了系统的分类、分级统计和管理，选取重点供应商进行现场监督审核和评估。初步形成战略供应商管理模式，建立并完善战略供应商数据库。每季度对供应商数量增减等情况进行统计分析，确保全年内对供应商进行全部审核。

在相关方管理方面，集团督促各单位严格承包商安全资质准入和过程监管，推动承包商管理措施落地；修订了《OEM 食品质量安全管理办法》、《OEM 工厂及委托单位评估指引》。通过基地管理、供应商管理、相关方管理三管齐下，彻底消除源头系统风险，确保食品质量安全形势稳定。

——《中粮集团有限公司 2014 年社会责任报告》P68

核心指标 **M2.2 食品安全管理体系**

**指标解读：**本指标主要描述企业在食品质量安全保障、质量改进等方面的政策与措施。

**示例：**

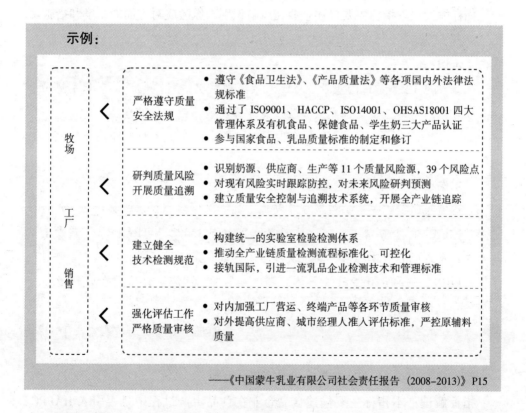

——《中国蒙牛乳业有限公司社会责任报告（2008-2013）》P15

核心指标 **M2.3 食品安全事故应急机制**

**指标解读：**本指标主要描述企业在建立食品安全事故的应急管理组织、规范应急处理流程、制定应急预案、开展应急演练等方面的制度和措施。

**示例：**

2014 年，集团通过开展终端质量安全管理现状调研、抽样评估和标杆分析，摸清终端质量安全管理底细，找出集团在终端质量安全管理方面存在的问题，在此基础上，制定《食品安全风险管理办法》、《食品安全事故调查与分析指南》、《安全生产事故初始应急效能评估标准》、《集团应急预案编写指南》等质量安全风险管理体系建设实施方案。

——《中粮集团有限公司 2014 年社会责任报告》P70

核心指标　　M2.4 食品安全风险控制

**指标解读：**本指标主要描述企业在风险识别、风险应对方面的制度和措施。

**示例：**

对公司 12 个系统的主要业务运营及管理情况进行风险评估，识别风险点 340 项，针对企业长期重大风险制定了详细的防范和应对措施。

——《中国蒙牛乳业有限公司社会责任报告（2008–2013）》P35

**示例：**

达能集团在过去两年内整合并改善了其风险评估流程，并草拟了一份名为"IGEA"的检查清单。该清单涵盖了 ISO/TS 22002–1（PAS 220）的所有要求以及达能的具体要求，其不仅可用于构成认证审计一部分的先决条件计划（PRP），还可用于对达能具体的最佳卫生规范的合规性以及全球 PRP 标准的合规性进行评级。

——《达能集团 2012 年可持续发展报告》P19

核心指标　　M2.5 食品安全生产关键节点控制

**指标解读：**本指标主要描述食品企业在食品生产过程中是否引入 HAPPC、GMP 等质量控制手段以保证食品的质量安全。

**示例：**

 技术决定品质

 牧场管理　　　　 质检监督　　　　 原奶检测

引进国际先进的丹麦 Arla 爱氏晨曦的 Arla Gaarden 牧场管理体系，对蒙牛牧场施行标准化、科学化管理，从源头保证产品质量安全

引进国际权威第三方质量检验机构新西兰 Asure Quality，建立外部机构与国内质检的双重保险

与丹麦 Arla 爱氏晨曦合作，引进原奶指纹图谱检测技术，有效检测并监控预警异常原奶，确保原奶 100%合格

——《中国蒙牛乳业有限公司社会责任报告（2008-2013）》P16

核心指标　**M2.6 食品召回/问题食品处理制度**

**指标解读：**本指标指企业制定问题食品处理制度等应急机制，当突然发生食品安全问题时能够及时处理，紧急召回，最大限度地减少食品安全事故的危害，保障消费者身体健康与生命安全。

**示例：**

**不计成本质检**

加强对成品的实验室检测和实验能力验证，发现任何一包不合格产品，将对同批次产品集体追溯。

**废弃产品处理**

● 对于过期或者不合格产品，明确严禁销售制度。

● 为城市经理人提供统一换货。

——《中国蒙牛乳业有限公司社会责任报告（2008-2013）》P20、P21

**示例：**

自 2014 年起，公司正式建立起产品的召回制度，并定期进行召回演练，使之成为一种常态机制，体现了中盐金坛"四个一切"（一切为用户服务、一切以预防为主、一切用数据说话、一切工作按 PDCA 循环进行）的服务

理念。

按照国际通行做法，公司会对每一种产品都进行召回演练，并增加召回演练的频次，形成常态化工作机制。与此同时，扩大追溯范围至生产原料、包装物、设备、当班人员以及当班的检测手段和方法。

——《中国盐业总公司 2014 年社会责任报告》P28

## 2. 食品研发与创新

核心指标 M2.7 支持产品服务创新的制度

**指标解读**：本指标主要指在企业内部建立鼓励创新的制度，形成鼓励创新的文化。

**示例：**

我们搭建与互联网、供应商、城市经理人、科研机构等伙伴合作平台，全方位发掘消费者需求，构建蒙牛产品服务创新体系，为消费者提供健康贴心的产品。

——《中国蒙牛乳业有限公司社会责任报告（2008–2013）》P25

扩展指标 M2.8 科技或研发投入

**指标解读**：本指标主要指报告期内企业在科技或研发方面投入的资金总额。

**示例：**

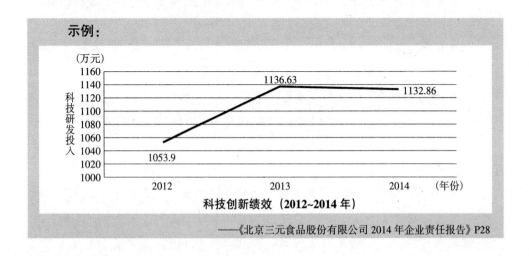

科技创新绩效（2012~2014 年）

——《北京三元食品股份有限公司 2014 年企业责任报告》P28

扩展指标　M2.9 科技工作人员数量及比例

**指标解读**：科技工作人员指企业直接从事（或参与）科技活动以及专门从事科技活动管理和为科技活动提供直接服务的人员。累计从事科技活动的时间占制度工作时间 50%（不含）以下的人员不统计。

示例：

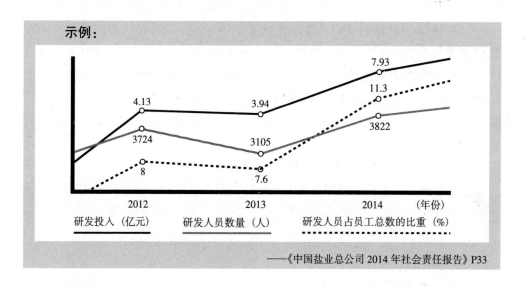

研发投入（亿元）　　研发人员数量（人）　　研发人员占员工总数的比重（%）

——《中国盐业总公司 2014 年社会责任报告》P33

扩展指标　M2.10 新增专利数

**指标解读**：本指标主要包括报告期内企业新增专利申请数和新增专利授权数。

示例：

2014 年共授权专利 76 项，较 2013 年增加 53 项。

——《中国盐业总公司 2014 年社会责任报告》P33

扩展指标　M2.11 重大创新奖项

**指标解读：** 本指标主要指报告期内企业获得的关于产品和服务创新的重大奖项。

> **示例：**
>
> 2014 年，中盐金坛"双膜法液体盐项目"喜获国家科技部火炬高技术产业开发中心颁发的国家火炬计划产业化示范项目证书，"年产 100 万吨真空盐项目"获得中国轻工业联合会"2013 年科学技术进步奖"二等奖，这两个荣誉分别是公司获得的首个国家级项目证书和首个部级奖励。
>
> ——《中国盐业总公司 2014 年社会责任报告》P36

扩展指标　M2.12 新研发产品质量安全评估

**指标解读：** 本指标主要指食品企业在研发新产品之后、投放市场之前对产品进行安全评估。

> **示例：**
>
> **评估确认**
>
> ● 开展新品营养均衡性、可适用性、过敏性等质量检测。
> ● 进行新品改良。
> ● 第三方评估审核确认。
>
> ——《中国蒙牛乳业有限公司社会责任报告（2008~2013）》P26

核心指标　M2.13 食品健康和营养均衡

**指标解读：** 本指标指致力于为消费者提供注重营养搭配和膳食均衡的健康食品，如开展营养健康方面的研发活动、产品创新和改良等。

> **示例：**
>
> 我们坚持合理膳食改善身体健康的理念，以全民健康为目标，从满足人体所需的基础营养和常规营养出发，为大众提供更多品种、更多口味、营养更丰富的产品。
>
> ——《中国蒙牛乳业有限公司社会责任报告（2008~2013）》P29

核心指标　M2.14 为特殊人员（老年人、孕妇、婴幼儿）提供特殊膳食

**指标解读：**如企业结合老年人、孕妇、婴幼儿等特殊群体的特点，专门研发或者提供特殊膳食为其提供健康保护。

**示例：**

**让牛奶更适合儿童**

我们专注于儿童成长时期的不同需求，有针对性地为儿童提供营养补充。我们精选优质牧场原奶，聘请专业儿童营养专家，定制开发儿童奶，特别添加DHA藻油、益生元、牛磺酸等符合世界标准的健康营养素，满足儿童肠胃消化、骨骼发育和智力成长的需求。

——《中国蒙牛乳业有限公司社会责任报告（2008-2013）》P31

**3. 确保食品安全信息公开**

核心指标　M2.15 建立食品可追溯系统

**指标解读：**本指标是指食品企业建立可追溯系统，以方便消费者通过追溯系统对整个生产过程进行溯源，进而保障食品质量的安全可靠。

**示例：**

追溯平台：建立网络、手机短信、二维码扫描等多种平台，方便消费者更多地了解到蒙牛产品信息。

——《中国蒙牛乳业有限公司社会责任报告（2008-2013）》P21

核心指标　M2.16 食品标签合规

**指标解读：**本指标指描述食品标签必须符合相关法律的要求，如产品或者其包装上的标识必须真实，有产品质量检验合格证明。限期使用的产品，应当在显著位置清晰地标明生产日期和安全使用期或者失效日期等。

**示例：**

达能与饮食及配送行业的其他公司合作，围绕CIAA4开发的标签系统，为欧洲的消费者提供营养信息。标签系统注明了每份产品的卡路里含量和某

些营养物质的含量（碳水化合物、脂肪和饱和脂肪、钠），并提供其绝对值及占每日应摄入营养成分含量的百分比。自 2008 年末，达能在欧洲上市的大部分产品（90%）包装前方均附有图标，标明卡路里含量，包装后方均附有综合表，标明主要营养物质成分（蛋白质和碳水化合物，包括糖、脂肪和饱和脂肪、纤维和钠等）。

——中国达能饮料官网（http://www.danonewaters.com.cn/page.aspx?m=health&c=manage_autonomy）

核心指标 M2.17 营养知识普及和健康生活方式倡导

**指标解读：**对内鼓励和帮助员工建立健康的生活方式并由内到外快速推动公司向"营养、健康和幸福生活"迈进；对外参加社区活动，与消费者和当地的机构及媒体建立伙伴关系，进行消费者营养健康知识的宣传和普及工作。

**示例：**

加班、熬夜、空气差、不运动……蒙牛深度洞察城市上班族的多种健康困扰，开发国内首款双歧杆菌数达 107/克的益生菌产品——冠益乳，以专业功能开启酸奶"调节肠道菌群，增强免疫力"的双重保健时代。同时，冠益乳多形式开展"321 世界睡眠日"、"529 世界肠道日"、"8 月 8 日全民健身日"等活动，向社会广泛传播健康生活新理念，营造全民健身氛围，推动消费者健康生活方式的养成。

——《中国蒙牛乳业有限公司社会责任报告（2008-2013）》P32

核心指标 M2.18 广告宣传真实合规

**指标解读：**本指标主要是指企业在针对产品进行广告宣传时应保证信息的真实，不得夸大或者作假。

**示例：**

公司在满足客户需求的同时，完善产品信息公开机制，杜绝产品的虚假宣传，时刻对消费者负责。公司发布《中盐食盐及相关食品功能宣传发布管理规定》，明确管理职责和责任追究，有效制止虚假和夸大宣传，确保产品信息准确传达。

——《中国盐业总公司 2014 年社会责任报告》P32

## （三）客户责任（M3）

核心指标 M3.1 客户关系管理体系

**指标解读：** 客户关系管理体系指以客户为中心，覆盖客户期望识别、客户需求回应以及客户意见反馈和改进的管理体系。

**示例：**

我们坚持以消费者需求为核心，联合合作伙伴，组建产品研发团队。通过全面洞察消费者需求，建立完善的产品创新流程，及时为消费者提供满足其需要的产品。

——《中国蒙牛乳业有限公司社会责任报告（2008-2013）》P25

核心指标 M3.2 客户信息保护

**指标解读：** 本指标主要描述企业保护客户信息安全的理念、制度、措施及绩效。企业不应以强迫或欺骗的方式获得任何有关客户及消费者个人隐私的信息；除法律或政府强制性要求外，企业在未得到客户及消费者许可之前，不得把已获得的客户及消费者私人信息提供给第三方（包括企业或个人）。

**示例：**

集团充分重视客户信息保护工作，依托流程梳理，抓住客户信息处理的关键环节，重点防范，主动保护，并通过提升硬、软件质量，加强设备保护能力；通过开展针对性的法律法规宣传教育，增强员工的信息安全意识；通过推动内控体系建设、严格规章制度，防堵流程制度漏洞。三管齐下，保障客户的信息安全。

——《华润（集团）有限公司2013年企业社会责任报告》P92

核心指标 M3.3 产品合格率

**指标解读：** 本指标为定量指标，主要是指产品的合格情况。

**示例：**

通过几年的努力，中粮横向到边、纵向到底的覆盖全产业链的食品安全管理体系已基本建成，在连续 5 年的政府食品安全监管抽查中，中粮产品合格率均在99%以上。

——《中粮集团有限公司 2014 年社会责任报告》P80

核心指标　**M3.4 客户满意度调查及客户满意度**

**指标解读：**客户满意是指客户对某一产品或服务已满足其需求和期望的程度及意见，也是客户在消费或使用后感受到满足的一种心理体验。对客户满意程度的调查即客户满意度调查。

**示例：**

三元每年定期组织对顾客满意度进行测量，通过顾客满意度调查及意见收集，三元对产品质量和整体服务过程进行分析。并基于结果分析不断完善与改进工作，力求为顾客提供更优质的产品和安心的服务。

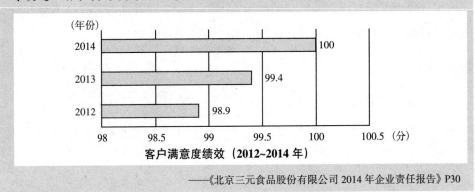

客户满意度绩效（2012~2014 年）

——《北京三元食品股份有限公司 2014 年企业责任报告》P30

核心指标　**M3.5 售后服务体系**

**指标解读：**本指标指企业建立售后服务体系，当食品出现问题时，提供相关服务保障消费者合法权益。

**示例：**

售后服务：开通全国电话服务热线；设立官方微博、微信平台；24 小时之内对客户的投诉进行反馈。

——《中国蒙牛乳业有限公司社会责任报告（2008-2013）》P22

> 核心指标 　M3.6 积极应对客户投诉及客户投诉解决率

**指标解读：**客户投诉指客户因对企业产品质量或服务感到不满意，而提出的书面或口头上的异议、抗议、索赔和要求解决问题等行为。

> **示例：**
>
> 本着"诚信为本、质量立市、完善培训、持续改进"的服务宗旨，三元制定了一系列售后服务和投诉处理的规章制度来规范公司的投诉管理；在各个顾客接触点建立了完整的投诉渠道；对客户投诉处理结果进行回访核实；对投诉信息进行分析改进，以提升产品质量和服务，满足顾客需求。2014年，雪凝茯苓酸奶包装的换代升级就是基于顾客反馈意见的一次产品升级改进。
>
> ——《北京三元食品股份有限公司2014年企业责任报告》P30

## (四) 伙伴责任（M4）

企业的合作伙伴主要有债权人、上游供应商、下游分销商、同业竞争者及其他社会团体。伙伴责任主要包括企业在促进产业发展、促进价值链履责、开展责任采购三个方面的理念、制度、措施、绩效及典型案例。

> 核心指标 　M4.1 战略共享机制及平台

**指标解读：**本指标主要描述企业与合作伙伴（商业和非商业的）建立的战略共享机制及平台，包括但不限于：

- 长期的战略合作协议；
- 共享的实验基地；
- 共享的数据库；
- 稳定的沟通交流平台等。

**示例：**

中国盐业总公司发挥优势，与中央企业、高等院校在环保技术、产品研发、业务拓展等方面展开交流与合作，实现优势互补、资源共享、互惠共赢、合作发展。

● 中国盐业总公司与中国通用技术集团签署合作框架协议，在园区规划和开发、节能环保技术合作、投融资合作、产品推广及海外项目合作、招标采购及信息化建设等方面开展战略合作。

● 中国盐业总公司与北京物资学院签订战略合作协议书，共同承担《培育成熟的食盐市场流通主体》研究课题，正式启动校企合作机制，助力中盐转型发展。

● 中盐进出口公司与台盐实业签订宝岛海盐进口协议，双方将发挥各自优势，建立中长期战略合作关系。

● 中国盐业总公司与宝钢集团、上海华谊集团签署三方战略合作协议，将在空气、合成气及相关业务上，发挥各自专业领域优势进行合作。

——《中国盐业总公司 2014 年社会责任报告》P40

**核心指标** **M4.2 诚信经营的理念与制度保障**

**指标解读：** 本指标主要描述确保企业对客户、供应商、经销商以及其他商业伙伴诚信的理念、制度和措施。

**示例：**

| 华润的诚信合规承诺 | |
|---|---|
| 对待政府 | 依法纳税，遵守国家法律法规及政府监管规定 |
| 对待股东 | 恪守职业操守，维护股东权益，保护中小投资者利益，规范信息披露，全心全意为股东创造最大化的价值 |
| 对待企业 | 严守知行合一的制度文化，杜绝商业贿赂和商业腐败 |
| 对待客户 | 保护客户基本权益，尊重客户隐私，严禁价格误导和欺诈，积极应对投诉，为客户提供安全、优质的产品与服务 |

| 华润的诚信合规承诺 | |
|---|---|
| 对待员工 | 遵守劳动法律法规中对平等雇佣、劳动报酬、社会保险、超时工作、带薪休假、隐私保护、职业健康安全等方面的规定，营造良好的工作环境，促进员工职业发展 |
| 对待合作伙伴 | 遵守行业规范和商业道德，信守商业承诺，开展公平竞争 |
| 对待环境与社会 | 开展项目环评，严禁虚假环保信息披露，致力于环境友好、生态安全、节能减排，规范慈善基金的募集、管理和使用 |

——《华润（集团）有限公司 2013 年企业社会责任报告》P18

核心指标 **M4.3 公平竞争的理念及制度保障**

**指标解读：** 公平竞争主要指企业在经营过程中遵守国家有关法律法规，遵守行业规范和商业道德，自觉维护市场秩序，不采取阻碍互联互通、掠夺性定价、垄断渠道资源、不正当交叉补贴、诋毁同业者等不正当竞争手段。

**示例：**

公司切实遵守劳动保障法律法规；切实遵守反垄断、反不正当竞争法律规制，提倡公平竞争、反对市场垄断行为；切实遵守环境保护法律法规，完善环境管理，致力于清洁生产，开展节能减排，为环境保护和生态文明建设贡献力量。

——《北京三元食品股份有限公司 2014 年企业责任报告》P7

核心指标 **M4.4 经济合同履约率**

**指标解读：** 本指标主要反映企业的管理水平和信用水平。

经济合同履约率 = 截至考核期末实际履行合同份数/考核期应履行合同总份数 × 100%

核心指标 **M4.5 食品供应链管理**

**指标解读：** 本指标指食品企业对生产和流通过程中涉及将产品或服务提供给最终用户活动的上游企业与下游企业进行管理，保障食品的安全可靠。

**示例：**

2012 年开始，我们引入 SAP 系统，加强信息化建设，整合产业链信息平台，使供应链管理更加精益化。依靠大数据分析，实现企业运营成本优化，提高社会价值，增强集团竞争力。

——《中国蒙牛乳业有限公司社会责任报告（2008-2013)》P36

核心指标　　**M4.6 食品供应商质量安全准入制度**

**指标解读：**本指标指食品企业对原料供应商是否有系统完善的遴选和审核制度，如制定供应商分类管理制度，对供应商的食品安全与质量风险进行评估、分类和管理，制定清晰明确的供应商准入与审核程序等。

**示例：**

**原辅料准入**

严格审核每个原辅料供应商。

采取现场调研、原料试产、现场评估等措施。

**原辅料审核**

研发部门和技术管理部门协同监管。

根据产品特性共同决定原辅料标准。

开展过程控制、追溯统计。

——《中国蒙牛乳业有限公司社会责任报告（2008-2013)》P19

扩展指标　　**M4.7 公司责任采购的制度及（或）方针**

**指标解读：**一般情况下，公司负责任采购程度由低到高可分为三个层次：

● 严格采购符合质量、环保、劳工标准，合规经营的公司的产品或（及）服务；

● 对供应商进行社会责任评估和调查；

● 通过培训等措施提升供应商履行社会责任的能力。

**示例：**

将供应商节能减排、环保材料的使用纳入评审。

——《中国蒙牛乳业有限公司社会责任报告（2008-2013)》P42

# 四、社会绩效（S 系列）

社会绩效主要描述企业对社会责任的承担和贡献，主要包括政府责任、员工责任、安全生产和社区责任四个方面的内容。其中，政府责任是现阶段我国企业履行社会责任的重要内容之一，主要描述企业响应政府号召、对政府负责的理念、制度、措施及绩效；员工责任主要描述企业对员工负责、促进员工与企业共同成长的理念、制度、措施、绩效及典型案例；社区责任主要描述企业对社区的责任贡献。

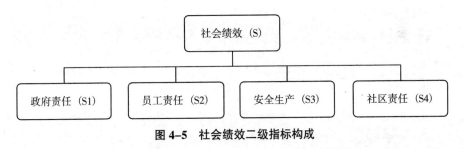

**图 4-5　社会绩效二级指标构成**

## （一）政府责任（S1）

政府责任主要包括守法合规和政策响应两个方面。

核心指标　S1.1 企业守法合规体系

**指标解读：**本指标主要描述企业的法律合规体系，包括守法合规理念、组织体系建设、制度建设等。

合规（Compliance）通常包含两层含义：①遵守法律法规及监管规定；②遵守企业伦理和内部规章以及社会规范、诚信和道德行为准则等。"合规"首先应做到"守法"，"守法"是"合规"的基础。

**示例：**

合规运营是我们实现可持续发展的基础。我们按照我国公司及香港联合交易所相关要求，对公司内部控制进行检查、评价，确保内部体系的规范运行。

——《中国蒙牛乳业有限公司社会责任报告（2008-2013）》P35

核心指标　S1.2 守法合规培训

**指标解读：** 本指标主要描述企业组织的守法合规培训活动，包括法律意识培训、行为合规培训等。

**示例：**

**守法合规培训**

● 成立跨单位法律培训工作执行小组，建立并执行小组例会和季度简报制度，提高集团全系统普法培训工作效率，进一步强化各单位的相互协同。

● 集团法律部赴基层单位开展现场法律培训 10 余次。

● 组织开展上市公司合规培训和对外业务交流等活动 20 余次。

● 开展全系统法律顾问培训 4 次，累计参加人数 600 余人；组织全系统法律顾问参加外部专业培训 10 余次。

● 举办集团法律大讲堂活动 2 期，累计参加人数 200 余人。

● 举办 2014 中粮集团"六五"普法法律知识竞赛，累计参加人数 4000 余人。

● 开设集团"法律诊所"，面向集团全体员工提供法律咨询 300 余次。

● 中粮知识产权远程教育平台累计培训人员 600 余人。

● 自主编辑法律期刊《中粮法律人》、《新法速递》等 20 余期；自主编辑法律书籍 4 本。

● 为积极贯彻"六五"普法效果，促进集团法律团队在学术和实务方面不断提升，集团与中国政法大学合作开展共建"法学教育实践基地"活动，并于 2014 年 12 月举行"实践基地"授牌仪式。

——《中粮集团有限公司 2014 年社会责任报告》P17

核心指标 S1.3 禁止商业贿赂和商业腐败

**指标解读：** 本指标主要描述企业在反腐败和反商业贿赂方面的制度和措施等。

商业贿赂行为是不正当竞争行为的一种，指经营者为销售或购买商品而采用财物或者其他手段贿赂对方单位或者个人的行为。

商业腐败按对象可以划分为两种类型：一种是企业普通经营活动中的行贿受贿行为，即通常意义上的商业贿赂；另一种是经营主体为了赢得政府的交易机会或者是获得某种经营上的垄断特权而向政府官员提供贿赂。

**示例：**

制定《蒙牛纪检监督管理制度》等反腐倡廉规章制度，确保企业廉洁、合规运行，与供应商签订《反商业贿赂合同》，规范产业链合规运营，成立纪检监督办公室，加强反腐败工作的专业化。

——《中国蒙牛乳业有限公司社会责任报告（2008-2013）》P35

核心指标 S1.4 纳税总额

**指标解读：** 依法纳税是纳税人的基本义务。

**示例：**

| **527.61**亿元 | **433.57**亿元 | **16.31**亿元 | **27.11**亿元 |
|---|---|---|---|
| 公司市值（2013年12月31日） | 主营业务收入 | 净利润 | 纳税额 |

——《中国蒙牛乳业有限公司社会责任报告（2008-2013）》P33

核心指标 S1.5 响应国家政策

**指标解读：** 响应国家政策是企业回应政府期望与诉求的基本要求。

**示例：**

**绿色采购**

中国盐业总公司积极响应国家节能环保方面的政策要求，转变采购理念，加强采购环节的环保管理，优先采购符合国家环保要求的产品。公司编制《中国盐业总公司物资采购管理办法》，推动依法依规采购管理，组织召开中盐采购规范化管理工作会议，加强绿色采购管理体系建设。

——《中国盐业总公司 2014 年社会责任报告》P62

核心指标　S1.6 报告期内吸纳就业人数

**指标解读**：企业在报告期内吸纳的就业人数包括但不限于：应届毕业生、社会招聘人员、军转复原人员、农民工、劳务工等。

示例：

| 指标 | 2012 年 | 2013 年 | 2014 年 |
|---|---|---|---|
| 报告期内吸纳就业人数（人） | 2388 | 2036 | 2046 |

——《中国盐业总公司 2014 年社会责任报告》P45

## （二）员工责任（S2）

核心指标　S2.1 劳动合同签订率

**指标解读**：劳动合同签订率指报告期内企业员工中签订劳动合同的比率。

示例：

劳动合同签订率 100%。

——《中国蒙牛乳业有限公司社会责任报告（2008-2013）》P51

扩展指标　S2.2 集体谈判与集体合同覆盖率

**指标解读**：集体谈判是工会或个人组织与雇主就雇佣关系等问题进行协商的一种形式，其目的是希望劳资双方能够在一个较平等的情况下订立雇佣条件，以保障劳方应有的权益。

集体合同指企业职工一方与用人单位就劳动报酬、工作时间、休息休假、劳动安全卫生、保险福利等事项，通过平等协商达成的书面协议。集体谈判是签订集体合同的前提，签订集体合同必须要进行集体协商。

核心指标　S2.3 民主管理

**指标解读**：根据《公司法》、《劳动法》、《劳动合同法》等规定，企业实行民主管理主要有以下三种形式：职工代表大会、厂务公开以及职工董事、职工监事等。此外，职工民主管理委员会、民主协商会、总经理信箱等形式也是民主管理的重要形式。

> **示例：**
>
> 中国盐业总公司在"民主、公平、公开"的原则下，通过职工代表大会制度、厂务公开制度、工会制度推行民主管理，同时，通过民主生活会、意见征求会、意见箱和电子邮箱等形式保障员工参与企业经营和管理的权益。公司尊重工会的自主权，加强与工会的沟通联系，构建和谐劳资关系。
>
> ——《中国盐业总公司 2014 年社会责任报告》P44

**扩展指标** S2.4 参加工会的员工比例

**指标解读：** 根据《工会法》、《中国工会章程》等规定，所有符合条件的企业都应该依法成立工会，维护职工合法权益是工会的基本职责。

> **示例：**
>
> 2014 年，工会员工参会率达 98.12%。
>
> ——《中国盐业总公司 2014 年社会责任报告》P44

**核心指标** S2.5 员工食品安全培训

**指标解读：** 本指标指公司为员工提供食品安全知识的培训，以提高企业员工对食品安全的了解和重视。

> **示例：**
>
> 中盐吉兰泰积极贯彻国家《质量发展纲要》，努力提升品牌质量竞争力和社会影响力。
>
> 2014 年，中盐吉兰泰举办质量管理系列提升活动，举办不同工种的技能比赛、演讲比赛、知识竞赛等，以提升员工的质量意识。

| 电器维修工技能竞赛 | 化验员竞赛 | 手抄报宣传 | 质量知识培训 |

——《中国盐业总公司 2014 年社会责任报告》P28

扩展指标　S2.6 禁止使用童工

**指标解读：**本指标指为保护未成年人的身心健康，国务院令第 364 号公布了《禁止使用童工规定》，禁止用人单位招用不满 16 周岁的未成年人。

**示例：**

杜绝雇佣童工和强迫劳动。

——《中国蒙牛乳业有限公司社会责任报告（2008-2013）》P51

扩展指标　S2.7 兼职工、临时工和劳务派遣工权益保护

**指标解读：**劳务派遣工指与由劳动行政部门资质认定，经工商部门注册登记的劳务型公司签订劳动合同或劳务合同后，向实际用工单位进行劳务输出，从事劳动服务的一种用工形式，劳动者与劳务型公司建立劳动关系或劳务关系，由劳务型公司按规定发放工资、缴纳社会保险费，劳动者与劳务输入的实际用人单位不发生劳动关系和劳务关系，只是从事劳动服务。兼职工、临时工和劳务派遣工的权益保护问题主要包括同工同酬、福利待遇、职业培训与发展等。

**示例：**

**平等的雇佣**

● 坚持平等雇佣、规范雇佣。

● 禁止一切形式的就业歧视。

——《中国蒙牛乳业有限公司社会责任报告（2008-2013）》P51

**核心指标** S2.8 社会保险覆盖率

**指标解读：** 本指标主要指企业正式员工中"五险一金"的覆盖比例。

**示例：**

休假、社会保险：执行八小时工作制和带薪休假制度，与全体员工签订劳动合同，"五险一金"覆盖率为100%。

——《中国盐业总公司2014年社会责任报告》P44

**核心指标** S2.9 按雇佣性质（正式、非正式）划分的福利体系

**指标解读：** 福利是员工的间接报酬，包括但不限于：为减轻职工生活负担和保证职工基本生活而给予的各种补贴、为职工生活提供方便而建立的集体福利设施、为活跃职工文化生活而建立的各种文化体育设施等。

**示例：**

公司严格遵守《中华人民共和国劳动法》、《中华人民共和国劳动合同法》等相关法律、法规和制度，遵循"合法、平等、自愿、协商一致、诚实守信"的原则与员工签订劳动合同，依据《三元食品劳务人员管理办法》、《三元食品劳务派遣人员转为合同制员工管理办法》等保障各类用工人员的权益。在招聘、薪酬、福利、晋升等方面无性别歧视、民族歧视、种族歧视、宗教歧视、生理歧视，保证公平、公正。

——《北京三元食品股份有限公司2014年企业责任报告》P55

**核心指标** S2.10 女性管理者比例

**指标解读：** 管理人员主要指具体从事经营管理的人员，包括各级经理人如规划计划、人力资源、市场营销、资本运营、财务审计、生产管理、法律事务、质量安全环保、行政管理等部门经理、主管等。

**示例：**

比较2011年，管理层中女性员工的比例由28%增加到31%，女性经理人数比例稳定在46%。

——《达能集团2012年可持续发展报告》P29

核心指标　S2.11 残疾人雇佣率或雇佣人数

**指标解读**：根据《中华人民共和国就业促进法》规定，"国家保障残疾人的劳动权利，用人单位招用人员，不得歧视残疾人"。

**示例：**

### 员工权益保护关键绩效表（2012~2014 年）

| 指标 | 2012 年 | 2013 年 | 2014 年 |
|------|--------|--------|--------|
| 报告期内吸纳就业人数（人） | 2388 | 2036 | 2046 |
| 劳动合同签订率（%） | 100 | 100 | 100 |
| 社会保险覆盖率（%） | 100 | 100 | 100 |
| 每年人均带薪休假天数（天） | 8 | 8 | 8 |
| 女性管理者比例（%） | 30 | 30 | 30 |
| 残疾人雇佣率（%） | 0.5 | 0.5 | 0.5 |
| 体检及健康档案覆盖率（%） | 100 | 100 | 100 |
| 员工满意度（%） | 80 | 75 | 75 |
| 员工流失率（%） | 4 | 6 | 7.35 |

——《中国盐业总公司 2014 年社会责任报告》P45

核心指标　S2.12 职业病防治制度

**指标解读**：企业须根据《中华人民共和国职业病防治法》以及《工作场所职业卫生监督管理规定》等政策法规，结合行业特征和企业实际，建立本企业的职业病防治制度。

**示例：**

中国盐业总公司重视员工职业安全健康，努力为员工提供安全健康的工作环境，加强员工职业安全健康培训，积极预防员工安全事故和职业危害事件发生。全年未发生职业病病例。

● 积极推进质量与职业健康安全标准化管理体系建设。加强对所属公司的审核，积极宣传贯彻管理体系建设方针、目标及安全理念。

● 定期组织员工体检，建立员工健康档案库，为在危险环境作业的员工提供劳保用品。

——《中国盐业总公司 2014 年社会责任报告》P45

**核心指标** S2.13 职业安全健康培训

**指标解读：** 职业安全健康培训主要指企业针对员工开展的关于职业安全健康知识、预防等内容的培训。

**示例：**

针对总部基层员工开展以"三优讲堂"为载体的专题培训，各二级企业开展以安全、新环保法、技能培训为主题的专题培训，提升员工全面素质。

——《中国盐业总公司 2014 年社会责任报告》P46

**核心指标** S2.14 年度新增职业病和企业累计职业病

**示例：**

全年未发生职业病病例。

——《中国盐业总公司 2014 年社会责任报告》P45

**扩展指标** S2.15 员工心理健康制度/措施

**指标解读：** 员工心理健康是企业成功的必要因素，企业有责任营造和谐的氛围，帮助员工维持心理健康。

**示例：**

我们高度关注员工的心理健康、身心和谐，充分发挥工会组织的优势，开展员工心理健康教育和咨询活动，注重人文关怀和心理疏导，缓解员工压力，增强员工的归属感；同时建立健全沟通机制，要求经理人深入基层，了解员工的思想动态，想方设法为员工解决实际问题。

——《华润（集团）有限公司 2013 年企业社会责任报告》P84

**核心指标** S2.16 体检及健康档案覆盖率

**指标解读：** 本指标指企业正式员工中年度体检的覆盖率和职业健康档案的覆盖率。

**示例：**

### 员工权益保护关键绩效表（2012~2014 年）

| 指标 | 2012 年 | 2013 年 | 2014 年 |
|---|---|---|---|
| 报告期内吸纳就业人数（人） | 2388 | 2036 | 2046 |
| 劳动合同签订率（%） | 100 | 100 | 100 |
| 社会保险覆盖率（%） | 100 | 100 | 100 |
| 每年人均带薪休假天数（天） | 8 | 8 | 8 |
| 女性管理者比例（%） | 30 | 30 | 30 |
| 残疾人雇佣率（%） | 0.5 | 0.5 | 0.5 |
| 体检及健康档案覆盖率（%） | 100 | 100 | 100 |
| 员工满意度（%） | 80 | 75 | 75 |
| 员工流失率（%） | 4 | 6 | 7.35 |

——《中国盐业总公司 2014 年社会责任报告》P45

核心指标 **S2.17 员工职业发展通道**

**指标解读：** 职业通道是指一个员工的职业发展计划，职业通道模式主要分为三类：单通道模式、双通道模式、多通道模式。职业通道按职业性质又可分为管理类、技术类、研发类。

**示例：**

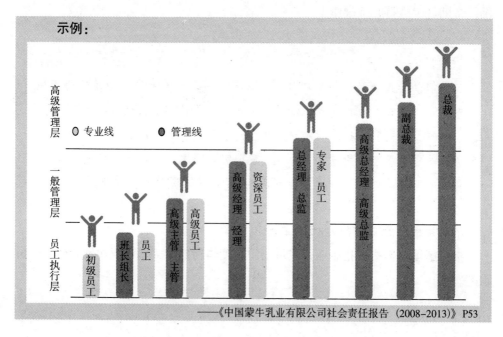

——《中国蒙牛乳业有限公司社会责任报告（2008-2013）》P53

核心指标 **S2.18 员工培训体系**

**指标解读：**员工培训体系是指在企业内部建立一个系统的、与企业的发展以及员工个人成长相配套的培训管理体系、培训课程体系、培训师资体系以及培训实施体系。

**示例：**

| 完善的培养体系 ＞ | 针对公司各层员工及保安人员，围绕专业技术、管理提升、人权保护等议题开展培训。2013 年，培训投入超过 1900 万元，员工平均参加培训 23.79 小时 |
| --- | --- |
| "尊师爱徒" 计划 ＞ | 为每一名新入职的员工安排富有工作经验的同事作为导师，帮助新员工更快地适应团队工作 |

——《中国蒙牛乳业有限公司社会责任报告（2008–2013）》P53

核心指标 **S2.19 员工培训绩效**

**指标解读：**本指标主要包括人均培训投入、人均培训时间等培训绩效数据。

**示例：**

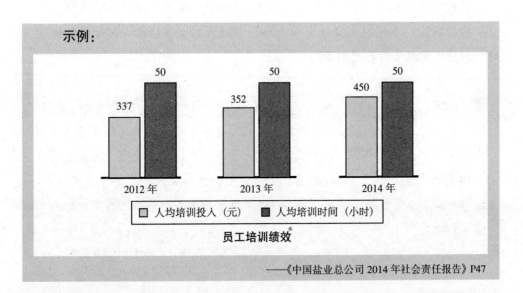

**员工培训绩效**

——《中国盐业总公司 2014 年社会责任报告》P47

**示例：**

过去几年间，达能集团不断扩大培训范围，2012 年亦不例外。与 2011 年 98.8% 的员工受训率相比，2012 年的员工受训率达到了 100%。2008~

2012 年，达能的人均年培训时间（以小时为单位）由 24 小时上升到 31 小时，增幅接近 30%。以中国为例，在 2011 年创办"达能中国大学"之后，2012 年共有 2185 名学员接受了由 110 名内部培训师提供的培训。

——《达能集团 2012 年可持续发展报告》P28

**核心指标** S2.20 困难员工帮扶投入

**指标解读**：本指标主要指企业在帮扶困难员工方面的政策措施以及资金投入。

**示例：**

中国盐业总公司关爱困难职工，通过建立困难职工电子档案，将电子档案录入全国工会帮扶中心管理系统进行统一管理，定期走访。2014 年，中国盐业总公司困难员工帮扶投入达 297.51 万元。

——《中国盐业总公司 2014 年社会责任报告》P48

**扩展指标** S2.21 为特殊人群（如孕妇、哺乳妇女等）提供特殊保护

**指标解读**：本指标主要指企业为孕妇、哺乳妇女等特殊人群提供的保护设施、保护措施以及特殊福利待遇。

**示例：**

中粮电子商务公司为哺乳期内的女员工设置了哺乳室和冰箱，确保她们的私密空间及卫生安全，并在工作分配上适度倾斜，使哺乳期女员工能够保持愉悦的心情。仓储、配送部员工大部分是外来务工人员，工作强度较大。公司根据季节为员工提供防暑降温饮品及保暖防寒衣物，以人为本，为他们提供贴心关怀。

——《中粮集团有限公司 2014 年社会责任报告》P87

**扩展指标** S2.22 尊重员工家庭责任和业余生活，确保工作生活平衡

**指标解读**：工作生活平衡又称工作家庭平衡，是指企业帮助员工认识和正确看待家庭同工作间的关系，调和工作和家庭的矛盾，缓解由于工作家庭关系失衡而给员工带来的压力。

示例：

**快乐的工作**

● 开展篮球、羽毛球等多种形式的文体活动。

● 支持员工更好地平衡工作与生活。

——《中国蒙牛乳业有限公司社会责任报告（2008–2013）》P55

扩展指标　S2.23 员工满意度

**指标解读**：本指标主要描述企业开展员工满意度调查的过程以及员工满意度调查结果。

示例：

2014年员工满意度调查于当年11月组织实施，针对集团总部及各一级经营单位、二级经营单位本部全体员工展开。问卷主要内容包括"敬业维度、集团经营、企业文化、集团管理、工作环境、工作本身、薪酬福利、职业发展"八大维度。调查共发放问卷约5000份，回收有效问卷4547份，有效回收率90.94%。调查结果显示，集团2014年员工满意度、敬业度较2013年均有进一步提升，表明集团拥有一批爱岗敬业的员工，他们认同集团的战略规划、企业文化，对中粮集团的未来充满信心。

调查结果显示，集团2014年员工满意度得分为3.97分（2013年为3.88分），员工敬业水平为75%（2013年为71%）。

——《中粮集团有限公司2014年社会责任报告》P92

扩展指标　S2.24 员工流失率

**指标解读**：员工年度流失率＝年度离职人员总数/(年初员工总数＋年度入职人员总数)。

**示例：**

### 员工权益保护关键绩效表（2012~2014 年）

| 指标 | 2012 年 | 2013 年 | 2014 年 |
|---|---|---|---|
| 报告期内吸纳就业人数（人） | 2388 | 2036 | 2046 |
| 劳动合同签订率（%） | 100 | 100 | 100 |
| 社会保险覆盖率（%） | 100 | 100 | 100 |
| 每年人均带薪休假天数（天） | 8 | 8 | 8 |
| 女性管理者比例（%） | 30 | 30 | 30 |
| 残疾人雇佣率（%） | 0.5 | 0.5 | 0.5 |
| 体检及健康档案覆盖率（%） | 100 | 100 | 100 |
| 员工满意度（%） | 80 | 75 | 75 |
| 员工流失率（%） | 4 | 6 | 7.35 |

——《中国盐业总公司 2014 年社会责任报告》P45

## （三）安全生产（S3）

核心指标　S3.1 安全生产管理体系

**指标解读：**本指标主要描述企业建立安全生产组织体系、制定和实施安全生产制度、采取有效防护措施等，以确保员工安全的制度和措施。

**示例：**

中国盐业总公司从安全意识、安全作业和安全风险防控三个角度扎实推进安全生产管理，提高安全风险防范能力。2014 年，中盐通过不懈的努力做到全年无安全生产死亡和重伤事故，创历史最好水平。

**安全意识**

● 开展安全生产"五个一"活动。

● 倡导安全文化，通过安全竞赛、安全月等活动形式提高员工安全意识和安全常识，营造安全氛围。

**安全作业**

● 加大技改投入，提高技术安全水平。

● 强化日常检查和排查力度，确保设备安全。

**安全风险防控**

● 完善安全标准化管理体系建设，2014 年中盐荣获全国"安全管理标准化示范班组创建活动优秀组织单位"称号。

● 落实安全生产责任制，各子公司与各级部门及劳务公司签订《安全生产责任书》和《消防责任书》，落实安全主体责任，提高安全管理执行力。

● 制定《中国盐业总公司隐患排查治理管理办法》，排查安全隐患 5387 项，完成整改 5358 项，整改率达 99% 以上。

——《中国盐业总公司 2014 年社会责任报告》P20、P21

---

核心指标　**S3.2 安全应急管理机制**

**指标解读**：本指标主要描述企业在建立应急管理组织、规范应急处理流程、制定应急预案、开展应急演练等方面的制度和措施。

**示例：**

中国盐业总公司和各二级企业积极构建安全应急机制，制定《安全生产总体预案》、《专项应急预案》等制度，要求重点生产企业加强现场处置方案和现场处置卡的编制和实施，进一步提高员工应急处理能力。2014 年，公司开展安全应急演练 700 余次，涉及生产事故、消防安全等方面。

——《中国盐业总公司 2014 年社会责任报告》P23

---

核心指标　**S3.3 安全教育与培训**

**指标解读**：安全培训指以提高安全监管监察人员、生产经营单位从业人员和从事安全生产工作的相关人员的安全素质为目的的教育培训活动。

**示例：**

中国盐业总公司注重提升安全生产管理水平，公司制定《中国盐业总公司安全教育管理办法》，使员工安全教育与培训规范化、制度化。2014 年，公司开展以"安全生产，我该做什么"为主题、全员参与的安全教育培训"五个一"活动。"五个一"活动包括"学习一本书、编一本事故案例、举办一次安全培训、举行一次安全征文活动、开展一次安全演讲比赛"。通过该活动，从安全意识、操作规程、生产习惯等方面规范员工，促进中盐安全生产形势持续稳定好转。

——《中国盐业总公司 2014 年社会责任报告》P22

核心指标　S3.4 安全培训绩效

**指标解读：**本指标主要包括安全培训覆盖面、培训次数等数据。

示例：

| 指标 | 2012 年 | 2013 年 | 2014 年 |
|---|---|---|---|
| 安全培训人次（人次） | 4072092 | 2528362 | 2496180 |
| 安全培训覆盖率（%） | 100 | 100 | 100 |
| 安全管理人员持证人数（人） | 4674 | 5821 | 6426 |
| 注册工程师人数（人） | 540 | 800 | 997 |

——《华润（集团）有限公司 2014 年企业社会责任报告》P127

核心指标　S3.5 安全生产投入

**指标解读：**本指标主要包括劳动保护投入、安全措施投入、安全培训投入等方面的费用。

示例：

| 指标 | 2012 年 | 2013 年 | 2014 年 |
|---|---|---|---|
| 千人死亡率（%） | 0.0313 | 0.0270 | 0.0308 |
| 千人重伤率（%） | 0.0026 | 0.00480 | 0.0047 |
| 安全生产投入（万元） | 126615.3 | 102104.9 | 118451.9 |

——《华润（集团）有限公司 2014 年企业社会责任报告》P124

**示例：**

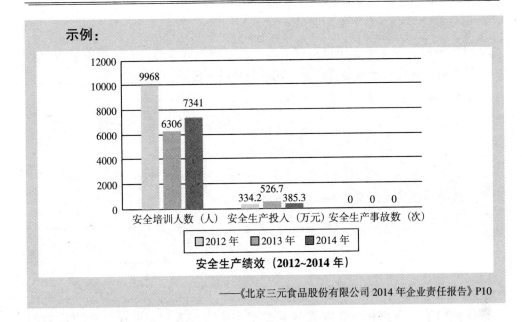

安全生产绩效（2012~2014 年）

——《北京三元食品股份有限公司 2014 年企业责任报告》P10

## （四）社区责任（S4）

社区责任主要包括本地化运营、慈善捐赠以及员工志愿者三个主要方面。

扩展指标 S4.1 评估企业进入或退出社区时对社区环境和社会的影响

**指标解读：**企业在新进入或退出社区时，除进行纯商业分析之外，还应该预先进行社区环境和社会影响评价与分析，积极采纳当地政府、企业和居民的合理建议。

**示例：**

公司通过传媒报道、公众反映、监管机构报告、公共组织报告等途径，分析和预测公众在环境保护、能源消耗、资源综合利用等方面的关注焦点及其变化。同时，采用社区调研、民意问卷调查、现场走访、行业分析、委托和聘请相关组织机构研讨、与政府相关部门沟通等多种方式，识别和预测社区居民、供应商、经销商等相关方在相关领域当前的、未来的可能隐忧，并根据可能的隐忧，提前做出应对准备和措施。

——《北京三元食品股份有限公司 2014 年企业责任报告》P40

**核心指标** S4.2 员工本地化政策

**指标解读：**员工本地化指企业在运营过程中应优先雇佣所在地劳动力。其中，员工本地化最重要的是管理层（尤其是高级管理层）本地化。

**扩展指标** S4.3 本地化雇佣比例

**指标解读：**本指标主要指本地员工占运营所在地机构员工的比例。

> **示例：**
>
> 达能已经完全实现了本地化运营，16452 名经理与董事中的 94.8%均为本地招聘。
>
> ——《达能集团 2012 年可持续发展报告》P97

**扩展指标** S4.4 本地化采购政策

**指标解读：**本指标指企业在运营过程中应优先采购运营所在地供应商的商品。

> **示例：**
>
> 中粮控股油脂部建立了覆盖全球的原料采购体系，与 ADM、嘉吉、邦基、路易达孚等供应商建立了良好的合作关系。2014 年，公司从巴西、阿根廷、美国、马来西亚、印度尼西亚、加拿大、澳大利亚等地采购大豆、菜籽、豆油、棕榈油超过 1000 万吨。
>
> 在国内菜籽主产区长江流域、花生主产区山东省和油料资源丰富的新疆维吾尔自治区，油脂部拥有 13 家工厂，这些工厂都具有完善的油料接卸、检验和储存设施，并与当地农民、农业经纪人、政府有长期的合作。2014 年，公司收购菜籽、花生等国产原料约 10 万吨。
>
> ——《中粮集团有限公司 2014 年社会责任报告》P37

**核心指标** S4.5 企业公益方针、公益基金或主要公益领域

**指标解读：**本指标主要描述企业成立的公益基金/基金会名称，以及公益基金会/基金会的宗旨和运营领域。

**示例：**

　　自创立之日起，我们持续关注公益，致力于创造和谐社会，推动社区发展。15年公益之路，不但见证了蒙牛为社区发展所做的贡献，更能体现出蒙牛在探索新型公益模式上所做的努力。在此基础上，我们着力搭建"有你最美"社会责任平台，以公益项目为纽带，伙伴矩阵为核心，凝聚企业内部员工、城市经理人、供应商、媒体、社会名人等公益主体，开展务实性、可量化、可持续、社交化的精益化品牌社会责任活动，全链条发挥蒙牛的社会价值。

　　　　　　　　　　　　　——《中国蒙牛乳业有限公司社会责任报告（2008-2013）》P59

---

核心指标　　S4.6 捐赠总额

**指标解读：**本指标主要指企业年度资金捐助以及年度物资捐助总额。

**示例：**

### 2012~2014 年基金会基本财务明细

单位：元

| 年份 | 净资产 | 捐赠收入 | 投资收益 | 捐赠支出 | 管理费支出 | 行政办公费用 | 其他费用 |
|------|--------|----------|----------|----------|------------|------------|----------|
| 2012 | 148876121.15 | 121113824.32 | 5589315.07 | 77800000.00 | 445563.27 | 314138.00 | 1397328.78 |
| 2013 | 171337922.33 | 123922618.40 | 6795205.49 | 105838894.26 | 273927.08 | 207947.8 | 1698801.37 |
| 2014 | 90899840.73 | 310847716.00 | 7105232.87 | 396183539.40 | 585090.53 | 147619.57 | 437470.96 |

　　　　　　　　　　　——《华润（集团）有限公司 2014 年企业社会责任报告》P129

---

核心指标　　S4.7 企业支持志愿者活动的政策、措施

**指标解读：**志愿服务是指不以获得报酬为目的，自愿奉献时间和智力、体力、技能等，帮助他人、服务社会的公益行为。

**示例：**

　　中国盐业总公司积极支持员工开展志愿服务活动，各部门和各单位结合自身业务特点，充分发挥部门优势，开展用盐咨询、募捐、结对帮扶、专业服务等活动。2014 年，公司员工志愿者活动人数为 8292 人次。

　　　　　　　　　　　　　　　　——《中国盐业总公司 2014 年社会责任报告》P56

核心指标 **S4.8 员工志愿者活动绩效**

**指标解读：** 本指标主要指志愿者活动的时间、人次等数据。

> **示例：**
>
> 2014 年，公司员工志愿者活动人数为 8292 人次。
>
> ——《中国盐业总公司 2014 年社会责任报告》P56

> **示例：**
>
> 良好的社区关系，是中国达能饮料在各地顺利运营的必要基础。旗下的工厂和销售办事处与周边的社区保持着良好的互动。成立了工厂志愿者服务队。为工厂员工提供便利的服务社区平台，促进工厂与社区的友好互动。仅 2014 年上半年，截至 7 月底，共计参与志愿服务人数达 155 人次，累计志愿服务时间为 479 小时。
>
> ——中国达能饮料官网（http://www.danonewaters.com.cn/dev/volunteer.html）

扩展指标 **S4.9 社区营养知识培训**

**指标解读：** 本指标主要指企业举办活动对所在社区的消费者进行营养知识的培训，提高消费者对营养的认识和重视。

> **示例：**
>
> 为了更深层次、多方面地关爱老年人，我们还开展了多种形式的老年活动。例如，2013 年 8~9 月，我们发起了"骨骼新活力，让年轻继续"蒙牛焕轻主题月活动，邀请专业医师为重庆主城 9 区的 24 个小区提供了中老年人骨密度测试、如何合理补钙等知识讲座、柔力球表演等。
>
> ——《中国蒙牛乳业有限公司社会责任报告（2008-2013）》P23

> **示例：**
>
> 中盐上海与有关部门联合开展以"科学补碘，保护智力正常发育"为主题的大型宣传咨询活动。工作人员为居民发放宣传资料，召集员工开展有奖问卷调查。许多市民纷纷表示：食品健康安全关系到我们每一个人，假冒食

盐买不得、更吃不得，并提出希望防治碘缺乏病的宣传促进工作能继续深入持久地开展下去，对制假、贩卖假盐的行为要继续打击。

——《中国盐业总公司 2014 年社会责任报告》P54

核心指标　S4.10 保护农村经济发展的政策、措施

**指标解读：** 食品行业与农、牧、渔等第一产业密不可分，食品行业健康发展能够带动农、牧、渔等相关产业的发展，本指标主要指企业制定相关政策或措施以保护和促进农村经济发展。

**示例：**

**带动地方发展**

中国盐业总公司积极发挥产业优势，鼓励和支持下属企业积极通过定点帮扶、产业扶助等方式支援地方发展。

**定点扶贫**

中盐坚持产业化开发扶贫方针，结合定点单位实际，重点帮助和促进定边县盐化产业做强做大，实现可持续发展。

——《中国盐业总公司 2014 年社会责任报告》P52、P53

**示例：**

自 2011 年起，我们推出大型民生工程蒙牛爱心井项目，和当地主流媒体一起，邀请水文专家现场勘探、打井，以实际行动帮助农村牧区群众摆脱干旱的困扰，让他们的生活也因此有了新的希望。

——《中国蒙牛乳业有限公司社会责任报告（2008-2013）》P41

核心指标　S4.11 保护农民利益的政策、措施

**指标解读：** 本指标主要指企业制定切实保护农民利益的政策或措施，如积极吸纳当地农村剩余劳动力，以提高当地农民收入水平，并与当地农户保持长期稳定的合作关系。

· 87 ·

**示例：**

2014 年，集团在 11 个省、自治区和直辖市成立农业产业化小组，进一步推动农业产业化进程。通过开展订单农业，为农民提供种子、农机和金融服务等方式将产业链向上游延伸，发挥现代农业引领作用，推动农业规模化、集约化发展，带动农民 76 万户，为农户实现增收，促进"四化同步"。

——《中粮集团有限公司 2014 年社会责任报告》P35

# 五、环境绩效（E 系列）

环境绩效主要描述企业在节能减排、保护环境方面的责任贡献，主要包括环境管理、绿色经营、绿色产品三个部分。

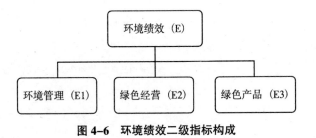

**图 4-6 环境绩效二级指标构成**

## （一）环境管理（E1）

核心指标 E1.1 建立环境管理组织体系和制度体系

**指标解读**：企业应建立环境管理组织负责公司的环境管理工作，并制定相应计划、执行、检查、改进等环境管理制度。

**示例：**

我们于 2002 年引进 ISO14001 环境管理体系，在公司建立组织体系，将公司各项工作纳入环境管理。截至 2004 年，公司建立起完整的环境管理体系，将"绿色"理念融入生产经营的每一个环节，与产业链条上每个环节的伙伴共同应对气候变化，打造低碳经济时代的"责任竞争力"，实现企业与环境的和谐共生。

——《中国蒙牛乳业有限公司社会责任报告（2008–2013）》P41

扩展指标　E1.2 环保预警及应急机制

**指标解读**：企业应建立环境预警机制，以识别、监测和评估潜在的事故或紧急情况，采取措施预防和减少可能的环境影响，针对各种环境事故制定并演练应急预案。

**示例：**

三元及各所属单位相应地制定了应急预案和应急演练计划，并对相关人员进行培训，不定期开展应急预案演习，以提升企业对重特大环境事故的应急处理能力，降低环境风险。

——《北京三元食品股份有限公司 2014 年企业责任报告》P39

扩展指标　E1.3 企业环境影响评价

**指标解读**：根据《中华人民共和国环境影响评价法》，环境影响评价是指对规划和建设项目实施后可能造成的环境影响进行分析、预测和评估，提出预防或者减轻不良环境影响的对策和措施，进行跟踪监测的方法与制度。

除国家规定需要保密的情形外，对环境可能造成重大影响或应当编制环境影响报告书的建设项目，建设单位应当在报批建设项目环境影响报告书前，举行论证会、听证会，或者采取其他形式，征求有关单位、专家和公众的意见。

**示例：**

三元将环保工作作为企业经营建设的重要部分。近三年，公司在新建项目前期均引入环境保护评价工作，对项目实施所带来的环境影响进行分析、预测和评估，并取得环保部门的批复许可。

三元对污水排放、废液排放、烟气排放、固废排放、噪音排放、资源能源消耗等重要环境因素进行识别、检测，并对排放情况、发生频次、可能造成的污染、控制程序等进行逐一评估，采取有效的控制和治理措施，以预防重特大环境事故的发生，消除公众的隐忧。

——《北京三元食品股份有限公司 2014 年企业责任报告》P39

核心指标　E1.4 绿色工厂选址原则

**指标解读：**食品企业在选择工厂时，应充分考虑原材料供应方便、环保等要求。

**示例：**

在牧场选址方面，严格依据《中华人民共和国动物防疫法》，远离居住区域、公共水源和公路，牧场需在居民区的下风向。

——《北京三元食品股份有限公司 2014 年企业责任报告》P41

扩展指标　E1.5 关注动物福利

**指标解读：**动物的福利，不仅包括让动物吃好喝好，还包括给动物提供良好的环境，没有好的水、草、空气，动物就不能更好地生养、繁殖。人类是食物链的上游，只有保证动物的健康，才能保证肉质食品的健康。

**示例：**

对奶牛的管理和保护：各阶段奶牛实行分群饲养，制定不同的饲料配方，自由采食，自由饮水。建有卧床、运动场和凉棚用于奶牛休息。运动场地面平整、干燥，铺有垫料或垫草，防止损伤奶牛肢体和乳房。

——《北京三元食品股份有限公司 2014 年企业责任报告》P41

核心指标　E1.6 环保公益

**指标解读：**环保公益指企业出人、出物或出钱赞助和支持某项环保公益事业的活动。

**示例：**

"壹块扫霾"公益体验活动是蒙牛"蓝天绿地"基金公益活动的重要组成部分，通过与社会力量共同发起各类扫霾行动，以及生物多样性调查、扫霍夏令营等活动，蒙牛希望和每个人一起，从点滴做起，让蓝天、绿地不再是限量版。

——《中国蒙牛乳业有限公司社会责任报告（2008-2013）》P63

## （二）绿色经营（E2）

核心指标 E2.1 环保总投资

**指标解读：** 本指标是指年度投入环境保护的资金总额。

**示例：**

公司环保总投入 1220 万元。

——《中国蒙牛乳业有限公司社会责任报告（2008-2013）》P40

**示例：**

| 环境绩效 | 2012 年 | 2013 年 | 2014 年 |
|---|---|---|---|
| 单位产值能耗（吨标准煤/万元） | 1.65 | 1.7189 | 1.261617 |
| 环保总投入（万元） | 34316 | 20000 | 29000 |

——《中国盐业总公司 2014 年社会责任报告》P73

核心指标 E2.2 环保培训与宣传

**指标解读：** 本指标指企业对员工（或利益相关方）开展的关于环境保护方面的培训或宣传活动。

**示例：**

在集团内组织开展节能减排宣传活动，加强企业节约型文化的建设。

——《中国蒙牛乳业有限公司社会责任报告（2008-2013）》P42

核心指标 E2.3 环保培训绩效

**指标解读：** 本指标包括环保培训人数、环保培训投入、环保培训时间等。

示例：

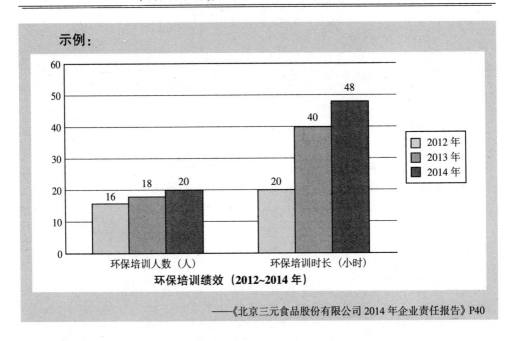

环保培训绩效（2012~2014 年）

——《北京三元食品股份有限公司 2014 年企业责任报告》P40

核心指标　E2.4 环保技术、设备的研发与应用

**指标解读：**本指标指企业积极地开发和应用环保技术及设备，从而降低对环境造成的污染。

示例：

采用专业化设备，对牧场运行中产生的污染物进行处理，转换为电力、有机肥，实现牧场循环经济。

——《中国蒙牛乳业有限公司社会责任报告（2008–2013）》P43

核心指标　E2.5 减少"三废"排放的制度、措施或技术

**指标解读：**"三废"主要指报告期内企业产生的废气、废水、废弃物。

示例：

集团建立万吨级污水处理厂，年循环处理污水量 1500 多万吨。将监控数据在官网实时公布，接受社会监督。

——《中国蒙牛乳业有限公司社会责任报告（2008–2013）》P46

核心指标　E2.6 "三废"排放量及减排量

**指标解读**：本指标主要指报告期内企业的废气、废水、废弃物排放量及减排量。

示例：

| 环境绩效 | 2012 年 | 2013 年 | 2014 年 |
|---|---|---|---|
| 单位产值能耗（吨标准煤/万元） | 1.65 | 1.7189 | 1.261617 |
| 环保总投入（万元） | 34316 | 20000 | 29000 |
| 单位产值水耗（吨/万元） | 17.22 | 17.93 | 14.79 |
| 氮氧化物排放量（万吨） | 1.43 | 1.14 | 1.06 |
| 新鲜水使用量（万吨） | 4713.40 | 5374.17 | 5026.04 |
| 重大化学品泄漏事故发生次数（次） | 0 | 0 | 0 |
| $SO_2$ 排放量（吨） | 18163 | 18001 | 12034 |
| COD 排放量（吨） | 1517 | 1492.59 | 1282.1 |
| 万元增加值综合能耗（吨标准煤/万元） | 6.45 | 6.49 | 6.79 |
| 环保培训覆盖率（%） | 100 | 100 | 100 |
| 视频培训覆盖率（%） | 16 | 14 | 20 |

——《中国盐业总公司 2014 年社会责任报告》P73

示例：

**三元节能减排绩效（2012~2014 年）**

| 指标 | 2012 年 | 2013 年 | 2014 年 |
|---|---|---|---|
| 环保总投资（万元） | 1334.0 | 422.5 | 293.9 |
| 节约能源（吨标准煤） | 131.0 | 907.6 | 1367.4 |
| 废气排放量（立方米） | 40679.43 | 35302.59 | 36290.70 |
| 废水排放量（吨） | 1063209 | 1033215 | 1176347 |
| 废弃物排放量（吨） | 500 | 115 | 403 |
| 年度新鲜水用水量（吨） | 1413231 | 1382544 | 1444383 |

——《北京三元食品股份有限公司 2014 年企业责任报告》P47

核心指标　E2.7 水资源循环利用的政策、措施

**指标解读**：本指标主要指企业在节约水资源、加强水资源循环利用等方面的政策、措施。

**示例：**

**循环利用**

● 建立万吨级污水处理厂，年循环处理污水量 1500 多万吨。

● 将监控数据在官网实时公布，接受社会监督。

————《中国蒙牛乳业有限公司社会责任报告（2008–2013）》P46

核心指标　E2.8 水资源循环利用率

**指标解读：**本指标主要指食品企业水资源循环利用的绩效。

**示例：**

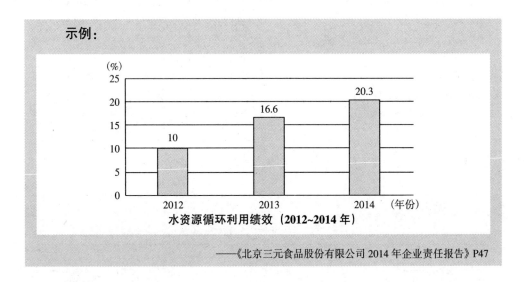

**水资源循环利用绩效（2012~2014 年）**

————《北京三元食品股份有限公司 2014 年企业责任报告》P47

核心指标　E2.9 绿色采购

**指标解读：**绿色采购指食品企业在制定和实施采购政策时，要考虑原料获取过程对环境的影响，综合考虑之后对供应商进行选择。

**示例：**

公司将供应商节能减排、环保材料的使用纳入评审。

————《中国蒙牛乳业有限公司社会责任报告（2008–2013）》P42

核心指标　E2.10 绿色办公措施

**指标解读：**绿色办公政策或措施，包括但不限于：

● 夏季空调温度不低于 26℃；

● 办公区采用节能灯具照明，且做到人走灯灭；

● 办公区生活用水回收再利用；

● 推广无纸化办公，且打印纸双面使用；

● 办公垃圾科学分类；

● 推行视频会议，减少员工出行等。

**示例：**

集团提倡绿色环保办公理念，合理配置并高效利用办公设备设施，提倡无纸化网络办公，鼓励纸张双面打印，做到随手关灯，定时检查水龙头滴漏情况，从细节入手提升员工日常办公节能环保意识，通过开展"环保植树"、"地球 1 小时"等绿色活动，营造企业内部环保宣传氛围，树立企业外部良好的社会形象。

——《中粮集团有限公司 2014 年社会责任报告》P64

[扩展指标]  **E2.11 绿色办公绩效**

**指标解读：**包括办公用电量、用水量、用纸量以及垃圾处理量等方面的数据。

**示例：**

**绿色办公**

公司积极践行中央"八项规定"精神和厉行节约、反对浪费的要求，努力打造低碳、节能的办公方式，带动员工节约能源。

● 随手关灯，人走即断电，减少设备损耗；空调温度夏季不低于 26℃，冬季不高于 20℃。

● 节约用水，杜绝跑冒滴漏；卫生间洗手池安装节水告知牌，时刻提醒节水。

● 推进电子政务，压缩会议数量。2014 年各类会议、活动减少 80 个，同比下降 19%；提倡物尽其用，鼓励双面用纸，促进资源的循环利用。

——《中国盐业总公司 2014 年社会责任报告》P63

## （三）绿色产品（E3）

扩展指标 E3.1 支持绿色低碳产品的研发与销售

**指标解读：** 低碳产品是指具备节能减排作用的产品，本指标考察企业是否鼓励绿色低碳产品的研发与销售，以实现减少全球温室气体的效果。

---

**示例：**

2008 年，达能集团承诺：2012 年平均单位产品的达能直接责任 $CO_2$ 排放，比 2007 年下降 30%。截至 2012 年，达能集团顺利完成该目标。中国达能饮料以优异的成绩完成此项"疯狂的挑战"，并持续为碳减排做出贡献。2007~2013 年，饮料产品的直接责任碳排放下降 44%；水产品的平均直接碳排放下降 45%。

——中国达能饮料官方网站（http://www.danonewaters.com.cn/dev/weather.html?3_1）

---

核心指标 E3.2 支持包装减量化和包装物回收的政策

**指标解读：** 本指标主要指报告期内企业在进行产品包装时采取减量化包装、包装物循环使用等方式，以减小产品包装物对环境的影响。

---

**示例：**

"有偿"包装回收是我们在国内首次提出的概念。在超市终端投放多台包装回收机，消费者只要投入规定数量的包装，就可以获得回收凭券、蒙牛活动门票等回馈。"有偿"回收成功激活了"有偿生态"模式，激发公众参与热情。

——《中国蒙牛乳业有限公司社会责任报告（2008-2013）》P48

---

**示例：**

为了减少 PET 等塑料材料的使用，中国达能饮料从产品设计阶段就考虑到产品的生态包装。同时，在工业生产中不断改善工艺。在不影响产品质量的情况下，大幅减轻瓶子克重。

——中国达能饮料官方网站（http://www.danonewaters.com.cn/dev/weather.html?3_3）

---

核心指标 E3.3 包装减量化和包装物回收量

**指标解读：** 本指标指包装减量化及包装物回收的绩效。

**示例：**

"有偿"包装回收是我们在国内首次提出的概念。在超市终端投放多台包装回收机，消费者只要投入规定数量的包装，就可以获得回收凭券、蒙牛活动门票等回馈。"有偿"回收成功激活了"有偿生态"模式，激发公众参与热情。截至 2013 年底，我们与利乐回收环保包材量超过 40000 吨，相当于 40 亿包牛奶，折算长度可绕地球 10 圈。

——《中国蒙牛乳业有限公司社会责任报告（2008-2013）》P48

**示例：**

为了减少 PET 等塑料材料的使用，中国达能饮料从产品设计阶段就考虑到产品的生态包装。同时，在工业生产中不断改善工艺。在不影响产品质量的情况下，大幅减轻瓶子克重。脉动 600 毫升装瓶重从 40 克降至 28.5 克；益力 600 毫升装瓶重从 24 克降至 14.8 克。

——中国达能饮料官方网站（http://www.danonewaters.com.cn/dev/weather.html?3_3）

# 六、报告后记（A 系列）

报告后记主要包括未来计划、报告评价、参考索引、读者反馈四个方面。

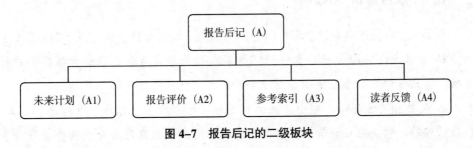

**图 4-7 报告后记的二级板块**

## （一）未来计划（A1）

本部分主要描述企业对公司社会责任工作四个方面（责任管理、市场绩效、社会绩效和环境绩效）的规划与计划。

> **示例：**
>
> 管理提升方面，继续加快产业结构调整和产业整合，不断增强企业核心竞争力；推动管理体系创新，建立健全常态化工作机制；加大内部整合和协同力度，充分发挥规模优势；全面推进风险防控，提升企业管理水平。
>
> 食盐供应方面，扎实推进质量管理和标准化工作，努力形成更加严格的企业标准；加强产品开发创新，丰富产品种类，完善产品结构；继续普及碘盐供应，确保可持续性消除碘缺乏病目标的实现。
>
> 绿色环保方面，不断完善环境管理体系建设，促进环境管理制度化、规范化；继续坚持绿色运营，加强产品包装、仓储、运输等环节的管理，努力降低各环节的环境污染；推动节能减排标准化管理，积极推广环保技术创新与应用，完善环保设施建设，为建设美丽中国贡献力量。
>
> 社会和谐方面，持续推进安全标准化建设，强化安全隐患排查，加强安全培训体系建设；深化与国内外先进企业的战略合作，发挥自身技术优势和人才优势，整合优势资源；推进人才强企战略，探索人才队伍建设新机制，提高职工幸福指数；加大与利益相关方沟通力度，继续拓宽合作渠道，实现多方共赢。
>
> ——《中国盐业总公司 2014 年社会责任报告》P70、P71

## （二）报告评价（A2）

本部分主要描述企业社会责任报告的可信性。报告评价主要有以下四种形式：

● **专家点评**：即由社会责任研究专家或行业专家对企业社会责任报告的科学性、可信性以及报告反映的企业社会责任工作信息进行点评。

● **利益相关方评价**：即由企业的利益相关方（股东、客户、供应商、员工、合作伙伴等）对企业社会责任报告的科学性、可信性以及报告反映的企业社会责任工作信息进行评价。

● 报告评级：即由"中国企业社会责任报告评级专家委员会"从报告的完整性、实质性、平衡性、可比性、可读性和创新性等方面对报告做出评价，出具评级报告。

● 报告审验：即由专业机构对企业社会责任报告进行审验。

## (三) 参考索引（A3）

本部分主要描述企业对报告编写参考指南的应用情况，即对报告编写参考指南要求披露的各条信息，企业进行披露的情况。

**模板：《CASS-CSR 3.0 报告编写指南》指标索引**

|  | 指标编号 | 指标描述 | 披露位置 | 披露情况 |
|---|---|---|---|---|
| 报告前言 | 1.1 | 报告可靠性保证 | 封面 | 完全采用 |
|  | 1.2 | 报告的组织范围 | P1 | 完全采用 |
|  | …… | …… | …… | …… |
| 责任管理 | G1.1 | 企业理念、愿景价值观 | P… | 完全采用 |
|  | G1.2 | 风险、机遇及可持续发展分析 | P… | 部分采用 |
|  | …… | …… | …… | …… |
| 市场绩效 | M1.1 | 投资者关系管理体系 | P… | 完全采用 |
|  | M1.2.1 | 成长性 | P… | 完全采用 |
|  | …… | …… | …… | …… |
| 社会绩效 | S1.1.1 | 对国家经济、社会和环境政策的实施情况 | P… | 完全采用 |
|  | S1.2.1 | 企业纳税总额 | P… | 完全采用 |
|  | …… | …… | …… | …… |
| 环境绩效 | E1.1 | 企业环境管理体系 | P… | 完全采用 |
|  | E1.2 | 对员工进行培训的制度、措施与绩效 | P… | 部分采用 |
|  | …… | …… | …… | …… |

## (四) 读者反馈（A4）

本部分主要为读者意见调查表，以及读者意见反馈的渠道。

**模板：**

为了持续改进××公司社会责任工作及社会责任报告编写工作，我们特别希望倾听您的意见和建议。请您协助完成意见反馈表中提出的相关问题，并传真到+86-××-×××××××。您也可以选择通过网络（http：//www.×××.com）回答问题。

1. 报告整体评价（请在相应位置打"√"）：

| 选项 | 很好 | 较好 | 一般 | 较差 | 很差 |
|---|---|---|---|---|---|
| 1. 本报告全面、准确地反映了××公司的社会责任工作现状 | | | | | |
| 2. 本报告对利益相关方所关心的问题进行了回应和披露 | | | | | |
| 3. 本报告披露的信息数据清晰、准确、完整 | | | | | |
| 4. 本报告的可读性，即报告的逻辑主线、内容设计、语言文字和版式设计 | | | | | |

2. 您认为本报告最让您满意的方面是什么？

3. 您认为还有哪些您需要了解的信息在本报告中没有反映？

4. 您对我们今后的社会责任工作及社会责任报告发布有何建议？

如果方便，请告诉我们关于您的信息：

姓　　名：

职　　业：

机　　构：

联系地址：

邮　　编：

E-mail：

电　　话：

传　　真：

我们的联系方式是：

××公司××部门

中国××省（市）××区××路××号

邮政编码：××××××

电话：+86-××-××××××××

传真：+86-××-××××××××

E-mail：××@××.com

# 第五章 指标速查

## 一、行业特征指标表 (24个)

| 指标名称 | 定性指标 (●) 定量指标 (⊕) | 核心指标 (★) 扩展指标 (☆) |
|---|:---:|:---:|
| **市场绩效部分 (15个)** | | |
| M2.1 原材料质量安全保障 | ● | ★ |
| M2.2 食品安全管理体系 | ● | ★ |
| M2.3 食品安全事故应急机制 | ● | ★ |
| M2.4 食品安全风险控制 | ● | ★ |
| M2.5 食品安全生产关键节点控制 (HAPPC 体系/GMP 体系) | ● | ★ |
| M2.6 食品召回/问题食品处理制度 | ● | ★ |
| M2.12 新研发产品质量安全评估 | ● | ☆ |
| M2.13 食品健康和营养均衡 | ● | ★ |
| M2.14 为特殊人员 (老年人、孕妇、婴幼儿) 提供特殊膳食 | ● | ★ |
| M2.15 建立食品可追溯系统 | ● | ★ |
| M2.16 食品标签合规 | ● | ★ |
| M2.17 营养知识普及和健康生活方式倡导 | ● | ★ |
| M2.18 广告宣传真实合规 | ● | ★ |
| M4.5 食品供应链管理 | ● | ★ |
| M4.6 食品供应商质量安全准入制度 | ● | ★ |
| **社会绩效部分 (5个)** | | |
| S2.5 员工食品安全培训 | ●/⊕ | ★ |
| S2.6 禁止使用童工 | ● | ☆ |

续表

| 指标名称 | 定性指标（●） | 核心指标（★） |
|---|:---:|:---:|
| | 定量指标（⊕） | 扩展指标（☆） |
| S4.9 社区营养知识培训 | ● | ☆ |
| S4.10 保护农村经济发展的政策、措施 | ● | ★ |
| S4.11 保护农民利益的政策、措施 | ● | ★ |
| 环境绩效部分（4 个） | | |
| E1.4 绿色工厂选址原则 | ● | ★ |
| E1.5 关注动物福利 | ● | ☆ |
| E3.2 支持包装减量化和包装物回收的政策 | ● | ★ |
| E3.3 包装减量化和包装物回收量 | ⊕ | ★ |

# 二、核心指标表（108 个）

| 指标名称 | 定性指标（●） |
|---|:---:|
| | 定量指标（⊕） |
| 第一部分：报告前言（P 系列） | |
| （P1）报告规范 | |
| P1.2 报告信息说明 | ● |
| P1.3 报告边界 | ● |
| P1.4 报告体系 | ● |
| P1.5 联系方式 | ● |
| （P2）报告流程 | |
| P2.2 报告实质性议题选择程序 | ● |
| （P3）高管致辞 | |
| P3.1 企业履行社会责任的机遇和挑战 | ● |
| P3.2 企业年度社会责任工作绩效与不足的概括总结 | ● |
| （P4）企业简介 | |
| P4.1 企业名称、所有权性质及总部所在地 | ● |
| P4.2 企业主要品牌、产品及服务 | ● |
| P4.3 企业运营地域，包括运营企业、附属及合营机构 | ● |
| P4.4 按产业、顾客类型或地域划分的服务市场 | ●/⊕ |
| P4.5 按雇佣合同（正式员工和非正式员工）和性别分别报告从业员工总数 | ⊕ |

续表

| 指标名称 | 定性指标（●）<br>定量指标（⊕） |
|---|---|
| （P5）年度进展 | |
| P5.1 年度社会责任重大工作 | ●/⊕ |
| P5.2 年度责任绩效 | ⊕ |
| P5.3 年度责任荣誉 | ● |
| 第二部分：责任管理（G 系列） | |
| （G1）责任战略 | |
| G1.1 社会责任理念、愿景、价值观 | ● |
| G1.3 辨识企业的核心社会责任议题 | ● |
| （G2）责任治理 | |
| G2.3 建立社会责任组织体系 | ● |
| G2.4 企业内部社会责任的职责与分工 | ● |
| （G3）责任融合 | |
| （G4）责任绩效 | |
| G4.4 企业在经济、社会或环境领域发生的重大事故，受到的影响和处罚以及企业的应对措施 | ●/⊕ |
| （G5）责任沟通 | |
| G5.1 企业利益相关方名单 | ● |
| G5.3 利益相关方的关注点和企业的回应措施 | ● |
| G5.4 企业内部社会责任沟通机制 | ● |
| G5.5 企业外部社会责任沟通机制 | ● |
| G5.6 企业高层领导参与的社会责任沟通与交流活动 | ●/⊕ |
| （G6）责任能力 | |
| G6.4 通过培训等手段培育负责任的企业文化 | ●/⊕ |
| 第三部分：市场绩效（M 系列） | |
| （M1）股东责任 | |
| M1.3 成长性 | ⊕ |
| M1.4 收益性 | ⊕ |
| M1.5 安全性 | ⊕ |
| （M2）确保食品质量与安全 | |
| M2.1 原材料质量安全保障 | ● |
| M2.2 食品安全管理体系 | ● |
| M2.3 食品安全事故应急机制 | ● |
| M2.5 食品安全生产关键节点控制 | ⊕ |
| M2.6 食品召回/问题食品处理制度 | ● |
| M2.7 支持产品服务创新的制度 | ● |
| M2.8 科技或研发投入 | ⊕ |
| M2.13 食品健康和营养均衡 | ● |

续表

| 指标名称 | 定性指标（●）<br>定量指标（⊕） |
|---|---|
| M2.14 为特殊人员（老年人、孕妇、婴幼儿）提供特殊膳食 | ● |
| M2.15 建立食品可追溯系统 | ● |
| M2.16 食品标签合规 | ● |
| M2.17 营养知识普及和健康生活方式倡导 | ● |
| M2.18 广告宣传真实合规 | ● |
| （M3）客户责任 | |
| M3.1 客户关系管理体系 | ● |
| M3.2 客户信息保护 | ● |
| M3.3 产品合格率 | ⊕ |
| M3.5 售后服务体系 | ● |
| （M4）伙伴责任 | |
| M4.1 战略共享机制及平台 | ● |
| M4.2 诚信经营的理念与制度保障 | ● |
| M4.3 公平竞争的理念及制度保障 | ● |
| M4.4 经济合同履约率 | ⊕ |
| M4.5 食品供应链管理 | ● |
| M4.6 食品供应商质量安全准入制度 | ● |
| 第四部分：社会绩效（S 系列） | |
| （S1）政府责任 | |
| S1.1 企业守法合规体系 | ● |
| S1.2 守法合规培训 | ●/⊕ |
| S1.3 禁止商业贿赂和商业腐败 | ● |
| S1.4 纳税总额 | ⊕ |
| S1.6 报告期内吸纳就业人数 | ⊕ |
| （S2）员工责任 | |
| S2.1 劳动合同签订率 | ⊕ |
| S2.3 民主管理 | ● |
| S2.5 员工食品安全培训 | ●/⊕ |
| S2.8 社会保险覆盖率 | ⊕ |
| S2.10 女性管理者比例 | ⊕ |
| S2.12 职业病防治制度 | ● |
| S2.13 职业安全健康培训 | ●/⊕ |
| S2.14 年度新增职业病和企业累计职业病 | ⊕ |
| S2.16 体检及健康档案覆盖率 | ⊕ |
| S2.17 员工职业发展通道 | ● |
| S2.18 员工培训体系 | ● |
| S2.19 员工培训绩效 | ⊕ |

续表

| 指标名称 | 定性指标（●）<br>定量指标（⊕） |
|---|:---:|
| S2.20 困难员工帮扶投入 | ⊕ |
| （S3）安全生产 | |
| S3.1 安全生产管理体系 | ● |
| S3.2 安全应急管理机制 | ● |
| S3.3 安全教育与培训 | ●/⊕ |
| S3.5 安全生产投入 | ⊕ |
| （S4）社区责任 | |
| S4.1 评估企业进入或退出社区时对社区环境和社会的影响 | ● |
| S4.2 员工本地化政策 | ● |
| S4.5 企业公益方针、公益基金或主要公益领域 | ● |
| S4.10 保护农村经济发展的政策、措施 | ● |
| S4.11 保护农民利益的政策、措施 | ● |
| 第五部分：环境绩效（E系列） | |
| （E1）环境管理 | |
| E1.1 建立环境管理组织体系和制度体系 | ● |
| E1.2 环保预警及应急机制 | ● |
| E1.3 企业环境影响评价 | ● |
| E1.4 绿色工厂选址原则 | ● |
| （E2）绿色经营 | |
| E2.1 环保总投资 | ⊕ |
| E2.2 环保培训与宣传 | ●/⊕ |
| E2.3 环保培训绩效 | ⊕ |
| E2.4 环保技术、设备的研发与应用 | ● |
| E2.5 减少"三废"排放的制度、措施或技术 | ● |
| E2.6 "三废"排放量及减排量 | ⊕ |
| E2.7 水资源循环利用的政策、措施 | ● |
| E2.8 水资源循环利用率 | ⊕ |
| E2.10 绿色办公措施 | ● |
| （E3）绿色产品 | |
| E3.1 支持绿色低碳产品的研发与销售 | ● |
| E3.2 支持包装减量化和包装物回收的政策 | ● |
| E3.3 包装减量化和包装物回收量 | ⊕ |
| 第六部分：报告后记（A系列） | |
| （A1）未来计划：公司对社会责任工作的规划 | ●/⊕ |
| （A2）报告评价：社会责任专家或行业专家、利益相关方或专业机构对报告的评价 | ● |
| （A4）读者反馈：读者意见调查表及读者意见反馈渠道 | ● |

# 三、通用指标表（151 个）

| 指标名称 | 定性指标（●）<br>定量指标（⊕） | 核心指标（★）<br>扩展指标（☆） |
|---|---|---|
| 第一部分：报告前言（P 系列） | | |
| （P1）报告规范 | | |
| P1.1 报告质量保证程序 | ● | ☆ |
| P1.2 报告信息说明 | ● | ★ |
| P1.3 报告边界 | ● | ★ |
| P1.4 报告体系 | ● | ★ |
| P1.5 联系方式 | ● | ★ |
| （P2）报告流程 | | |
| P2.1 报告编写流程 | ● | ☆ |
| P2.2 报告实质性议题选择程序 | ● | ★ |
| P2.3 利益相关方参与报告编写过程的程序和方式 | ● | ☆ |
| （P3）高管致辞 | | |
| P3.1 企业履行社会责任的机遇和挑战 | ● | ★ |
| P3.2 企业年度社会责任工作绩效与不足的概括总结 | ● | ★ |
| （P4）企业简介 | | |
| P4.1 企业名称、所有权性质及总部所在地 | ● | ★ |
| P4.2 企业主要品牌、产品及服务 | ● | ★ |
| P4.3 企业运营地域，包括运营企业、附属及合营机构 | ● | ★ |
| P4.4 按产业、顾客类型或地域划分的服务市场 | ●/⊕ | ★ |
| P4.5 按雇佣合同（正式员工和非正式员工）和性别分别报告从业员工总数 | ⊕ | ★ |
| P4.6 列举企业在协会、国家组织或国际组织中的会员资格或其他身份 | ● | ☆ |
| P4.7 报告期内关于组织规模、结构、所有权或供应链的重大变化 | ● | ☆ |
| （P5）年度进展 | | |
| P5.1 年度社会责任重大工作 | ●/⊕ | ★ |
| P5.2 年度责任绩效 | ⊕ | ★ |
| P5.3 年度责任荣誉 | ● | ★ |
| 第二部分：责任管理（G 系列） | | |
| （G1）责任战略 | | |
| G1.1 社会责任理念、愿景、价值观 | ● | ★ |
| G1.2 企业签署的外部社会责任倡议 | ● | ☆ |

续表

| 指标名称 | 定性指标（●）<br>定量指标（⊕） | 核心指标（★）<br>扩展指标（☆） |
|---|---|---|
| G1.3 辨识企业的核心社会责任议题 | ● | ★ |
| G1.4 企业社会责任规划 | ●/⊕ | ☆ |
| （G2）责任治理 | | |
| G2.1 社会责任领导机构 | ● | ☆ |
| G2.2 利益相关方与企业最高治理机构之间沟通的渠道或程序 | ● | ☆ |
| G2.3 建立社会责任组织体系 | ● | ★ |
| G2.4 企业内部社会责任的职责与分工 | ● | ★ |
| G2.5 社会责任管理制度 | ● | ☆ |
| （G3）责任融合 | | |
| G3.1 推进下属企业社会责任工作 | ●/⊕ | ☆ |
| G3.2 推动供应链合作伙伴履行社会责任 | ●/⊕ | ☆ |
| （G4）责任绩效 | | |
| G4.1 构建企业社会责任指标体系 | ● | ☆ |
| G4.2 依据企业社会责任指标进行绩效评估 | ●/⊕ | ☆ |
| G4.3 企业社会责任优秀评选 | ● | ☆ |
| G4.4 企业在经济、社会或环境领域发生的重大事故，受到的影响和处罚以及企业的应对措施 | ●/⊕ | ★ |
| （G5）责任沟通 | | |
| G5.1 企业利益相关方名单 | ● | ★ |
| G5.2 识别及选择核心利益相关方的程序 | ● | ☆ |
| G5.3 利益相关方的关注点和企业的回应措施 | ● | ★ |
| G5.4 企业内部社会责任沟通机制 | ● | ★ |
| G5.5 企业外部社会责任沟通机制 | ● | ★ |
| G5.6 企业高层领导参与的社会责任沟通与交流活动 | ●/⊕ | ★ |
| （G6）责任能力 | | |
| G6.1 开展企业社会责任课题研究 | ● | ☆ |
| G6.2 参与社会责任研究和交流 | ● | ☆ |
| G6.3 参与国内外社会责任标准的制定 | ● | ☆ |
| G6.4 通过培训等手段培育负责任的企业文化 | ●/⊕ | ★ |
| 第三部分：市场绩效（M系列） | | |
| （M1）股东责任 | | |
| M1.1 股东参与企业治理的政策和机制 | ● | ★ |
| M1.2 规范信息披露 | ●/⊕ | ★ |
| M1.3 成长性 | ⊕ | ★ |
| M1.4 收益性 | ⊕ | ★ |
| M1.5 安全性 | ⊕ | ★ |

| 指标名称 | 定性指标（●）<br>定量指标（⊕） | 核心指标（★）<br>扩展指标（☆） |
|---|:---:|:---:|
| **（M2）确保食品质量与安全** | | |
| M2.1 原材料质量安全保障 | ● | ★ |
| M2.2 食品安全管理体系 | ● | ★ |
| M2.3 食品安全事故应急机制 | ● | ★ |
| M2.4 食品安全风险控制 | ⊕ | ★ |
| M2.5 食品安全生产关键节点控制 | ⊕ | ★ |
| M2.6 食品召回/问题食品处理制度 | ● | ★ |
| M2.7 支持产品服务创新的制度 | ● | ★ |
| M2.8 科技或研发投入 | ⊕ | ☆ |
| M2.9 科技工作人员数量及比例 | ⊕ | ☆ |
| M2.10 新增专利数 | ⊕ | ☆ |
| M2.11 重大创新奖项 | ⊕ | ☆ |
| M2.12 新研发产品质量安全评估 | ● | ☆ |
| M2.13 食品健康和营养均衡 | ● | ★ |
| M2.14 为特殊人员（老年人、孕妇、婴幼儿）提供特殊膳食 | ● | ★ |
| M2.15 建立食品可追溯系统 | ● | ★ |
| M2.16 食品标签合规 | ● | ★ |
| M2.17 营养知识普及和健康生活方式倡导 | ● | ★ |
| M2.18 广告宣传真实合规 | ● | ★ |
| **（M3）客户责任** | | |
| M3.1 客户关系管理体系 | ● | ★ |
| M3.2 客户信息保护 | ● | ★ |
| M3.3 产品合格率 | ⊕ | ★ |
| M3.4 客户满意度调查及客户满意度 | ●/⊕ | ★ |
| M3.5 售后服务体系 | ● | ★ |
| M3.6 积极应对客户投诉及客户投诉解决率 | ●/⊕ | ★ |
| **（M4）伙伴责任** | | |
| M4.1 战略共享机制及平台 | ● | ★ |
| M4.2 诚信经营的理念与制度保障 | ● | ★ |
| M4.3 公平竞争的理念及制度保障 | ● | ★ |
| M4.4 经济合同履约率 | ⊕ | ★ |
| M4.5 食品供应链管理 | ● | ★ |
| M4.6 食品供应商质量安全准入制度 | ● | ★ |
| M4.7 公司责任采购的制度及（或）方针 | ● | ☆ |

续表

| 指标名称 | 定性指标（●）定量指标（⊕） | 核心指标（★）扩展指标（☆） |
|---|---|---|
| 第四部分：社会绩效（S系列） | | |
| （S1）政府责任 | | |
| S1.1 企业守法合规体系 | ● | ★ |
| S1.2 守法合规培训 | ●/⊕ | ★ |
| S1.3 禁止商业贿赂和商业腐败 | ● | ★ |
| S1.4 纳税总额 | ⊕ | ★ |
| S1.5 响应国家政策 | ● | ★ |
| S1.6 报告期内吸纳就业人数 | ⊕ | ★ |
| （S2）员工责任 | | |
| S2.1 劳动合同签订率 | ⊕ | ★ |
| S2.2 集体谈判与集体合同覆盖率 | ●/⊕ | ☆ |
| S2.3 民主管理 | ● | ★ |
| S2.4 参加工会的员工比例 | ⊕ | ☆ |
| S2.5 员工食品安全培训 | ●/⊕ | ★ |
| S2.6 禁止使用童工 | ● | ☆ |
| S2.7 兼职工、临时工和劳务派遣工权益保护 | ● | ☆ |
| S2.8 社会保险覆盖率 | ⊕ | ★ |
| S2.9 按雇佣性质（正式、非正式）划分的福利体系 | ● | ★ |
| S2.10 女性管理者比例 | ⊕ | ★ |
| S2.11 残疾人雇佣率或雇佣人数 | ⊕ | ★ |
| S2.12 职业病防治制度 | ● | ★ |
| S2.13 职业安全健康培训 | ●/⊕ | ★ |
| S2.14 年度新增职业病和企业累计职业病 | ⊕ | ★ |
| S2.15 员工心理健康制度/措施 | ● | ☆ |
| S2.16 体检及健康档案覆盖率 | ⊕ | ★ |
| S2.17 员工职业发展通道 | ● | ★ |
| S2.18 员工培训体系 | ● | ★ |
| S2.19 员工培训绩效 | ⊕ | ★ |
| S2.20 困难员工帮扶投入 | ⊕ | ★ |
| S2.21 为特殊人群（如孕妇、哺乳妇女等）提供特殊保护 | ● | ☆ |
| S2.22 尊重员工家庭责任和业余生活，确保工作生活平衡 | ● | ☆ |
| S2.23 员工满意度 | ⊕ | ☆ |
| S2.24 员工流失率 | ⊕ | ☆ |
| （S3）安全生产 | | |
| S3.1 安全生产管理体系 | ● | ★ |
| S3.2 安全应急管理机制 | ● | ★ |
| S3.3 安全教育与培训 | ●/⊕ | ★ |

续表

| 指标名称 | 定性指标（●）<br>定量指标（⊕） | 核心指标（★）<br>扩展指标（☆） |
|---|:---:|:---:|
| S3.4 安全培训绩效 | ⊕ | ★ |
| S3.5 安全生产投入 | ⊕ | ★ |
| （S4）社区责任 | | |
| S4.1 评估企业进入或退出社区时对社区环境和社会的影响 | ● | ☆ |
| S4.2 员工本地化政策 | ● | ★ |
| S4.3 本地化雇佣比例 | ⊕ | ☆ |
| S4.4 本地化采购政策 | ● | ☆ |
| S4.5 企业公益方针、公益基金或主要公益领域 | ● | ★ |
| S4.6 捐献总额 | ⊕ | ★ |
| S4.7 企业支持志愿者活动的政策、措施 | ● | ★ |
| S4.8 员工志愿者活动绩效 | ⊕ | ★ |
| S4.9 社区营养知识培训 | ●/⊕ | ☆ |
| S4.10 保护农村经济发展的政策、措施 | ● | ★ |
| S4.11 保护农民利益的政策、措施 | ● | ★ |
| 第五部分：环境绩效（E 系列） | | |
| （E1）环境管理 | | |
| E1.1 建立环境管理组织体系和制度体系 | ● | ★ |
| E1.2 环保预警及应急机制 | ● | ☆ |
| E1.3 企业环境影响评价 | ● | ☆ |
| E1.4 绿色工厂选址原则 | ● | ★ |
| E1.5 关注动物福利 | ● | ☆ |
| E1.6 环保公益 | ●/⊕ | ★ |
| （E2）绿色经营 | | |
| E2.1 环保总投资 | ⊕ | ★ |
| E2.2 环保培训与宣传 | ●/⊕ | ★ |
| E2.3 环保培训绩效 | ⊕ | ★ |
| E2.4 环保技术、设备的研发与应用 | ● | ★ |
| E2.5 减少"三废"排放的制度、措施或技术 | ● | ★ |
| E2.6 "三废"排放量及减排量 | ⊕ | ★ |
| E2.7 水资源循环利用的政策、措施 | ● | ★ |
| E2.8 水资源循环利用率 | ⊕ | ★ |
| E2.9 绿色采购 | ●/⊕ | ★ |
| E2.10 绿色办公措施 | ● | ★ |
| E2.11 绿色办公绩效 | ⊕ | ☆ |
| （E3）绿色产品 | | |
| E3.1 支持绿色低碳产品的研发与销售 | ● | ☆ |
| E3.2 支持包装减量化和包装物回收的政策 | ● | ★ |

| 指标名称 | 定性指标（●）<br>定量指标（⊕） | 核心指标（★）<br>扩展指标（☆） |
|---|---|---|
| E3.3 包装减量化和包装物回收量 | ⊕ | ★ |
| 第六部分：报告后记（A 系列） | | |
| （A1）未来计划：公司对社会责任工作的规划 | ●/⊕ | ★ |
| （A2）报告评价：社会责任专家或行业专家、利益相关方或专业机构对报告的评价 | ● | ★ |
| （A3）参考索引：对本指南要求披露指标的采用情况 | ● | ☆ |
| （A4）读者反馈：读者意见调查表及读者意见反馈渠道 | ● | ★ |

# 管理篇

# 第六章　报告全生命周期管理

社会责任报告全生命周期管理是指企业在社会责任报告编写和使用的全过程中对报告进行全方位的价值管理，充分发挥报告在利益相关方沟通、公司社会责任绩效监控方面的作用，将报告作为提升公司社会责任管理水平的有效工具。社会责任报告全生命周期管理涉及组织、参与、界定、启动、撰写、发布和反馈七个过程要素，如图 6-1 所示。

（1）组织：建立社会责任报告编写的组织体系并监控报告编写过程。

（2）参与：利益相关方参与报告编写全过程。

（3）界定：确定报告的边界和实质性议题。

（4）启动：召开社会责任报告编写培训会暨启动会。

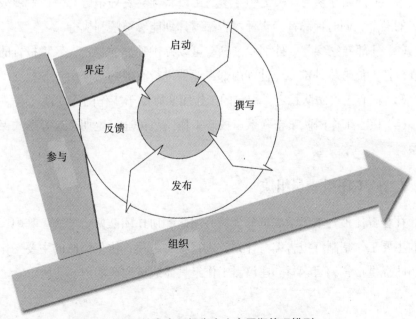

**图 6-1　企业社会责任报告全生命周期管理模型**

（5）撰写：搜集素材并撰写报告内容。

（6）发布：确定发布形式和报告使用方式。

（7）反馈：总结报告编写过程，向利益相关方进行反馈，并向企业内部各部门进行反馈。

其中，组织和参与是社会责任报告编写的保证，贯穿报告编写的全部流程。界定、启动、撰写、发布和反馈构成一个闭环的流程体系，通过持续改进报告编制流程，从而提升报告质量和公司社会责任管理水平。

# 一、组　织

## （一）建立工作组的原则

建立科学有效的社会责任报告工作组是报告编写的保障。建立工作组遵循以下原则：

（1）关键领导参与。关键领导参与可以将社会责任报告与公司发展战略进行更好的融合，同时保障社会责任报告编写计划能够被顺利执行。

（2）外部专家参与。外部专家参与可以提供独立的视角，保障报告的科学性和规范性，能够将外部专业性和内部专业性进行有效的结合。

（3）核心工作团队稳定。稳定的工作团队有助于工作的连续性。

（4）核心工作团队紧密联系。核心工作团队可通过定期会议等形式保持紧密联系。

## （二）工作组成员组成

社会责任报告工作组成员分为核心团队和协作团队两个层次。其中，核心团队的主要工作是制订报告编写计划、进行报告编写；协作团队的主要工作是为核心团队提供报告编写素材和建议。工作组具体成员构成如图 6-2 所示。

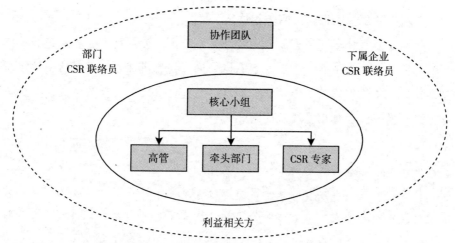

**图6-2　企业社会责任报告编写工作组构成**

## （三）工作组成员分工与职责

社会责任报告工作组成员构成既包括外部专家也包括内部职能部门，既包括高层领导也包括下属企业。在报告编写的前期、中期和后期，各成员分工和职责如图6-3所示。

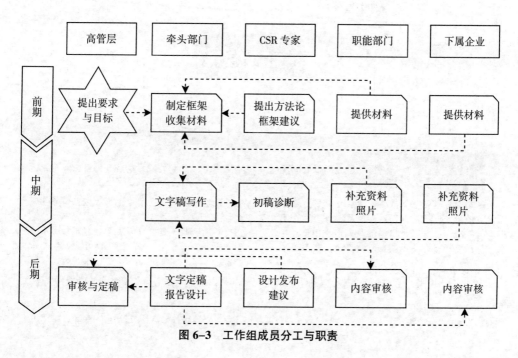

**图6-3　工作组成员分工与职责**

**案例：蒙牛集团报告编写组织体系**

蒙牛以公司社会责任委员会、社会责任工作办公室及各业务系统的现有社会责任联络员为基础，逐步建立机构完整、权责明确、上下联动、运转高效的社会责任组织体系，实现社会责任组织机构在总部、业务系统、下属企业的全面覆盖，形成三级联动机制。

社会责任委员会是蒙牛推进可持续发展的重要组织保障。由公司总裁亲任委员会主任，各系统负责人任副主任，负责明确公司社会责任战略发展方向、督促社会责任工作开展和考核评估社会责任工作绩效。社会责任委员会下设社会责任办公室，负责协调公司社会责任委员会小组工作推进。围绕履行社会责任的领域，成立社会责任委员会工作小组，邀请专业合作伙伴作为外部顾问，实现公司内外跨系统、跨领域的协力合作。

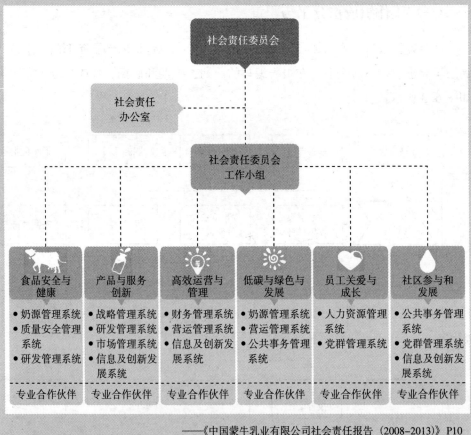

——《中国蒙牛乳业有限公司社会责任报告（2008-2013）》P10

# 二、参 与

企业在编写社会责任报告的过程中应积极邀请内外部利益相关方参与。参与过程涉及三个方面，如图6-4所示。

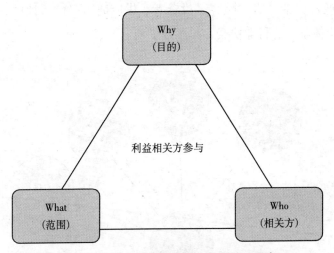

**图6-4 利益相关方参与报告编写的三要素**

（1）参与目的：明确企业邀请利益相关方参与时要实现的价值，如了解期望、建立关系、借鉴其知识体系等。

（2）参与者：明确邀请哪类相关方参与以及邀请的具体人员。

（3）参与范围：明确相关方的参与时间和程度。

## （一）利益相关方参与报告编写的价值

在报告编写过程中，积极邀请外部利益相关方参与具有以下作用：

（1）通过参与了解利益相关方的期望，在社会责任报告中做出针对性回应。

（2）通过参与建立一种透明的关系，进而建立双方的信任基础。

（3）汇集利益相关方的资源优势（知识、人力和技术），解决企业在编写社会责任报告过程中遇到的问题。

（4）通过参与过程学习利益相关方的知识和技能，进而提升企业的组织和技能。

（5）通过在报告编写过程中的坦诚、透明的沟通，影响利益相关方的观点和决策。

## （二）识别利益相关方

利益相关方是指受企业经营影响或可以影响企业经营的组织或个人。企业的利益相关方通常包括政府、顾客、投资者、供应商、雇员、社区、NGO、竞争者、工会、媒体学者、行业协会，如图 6-5 所示。

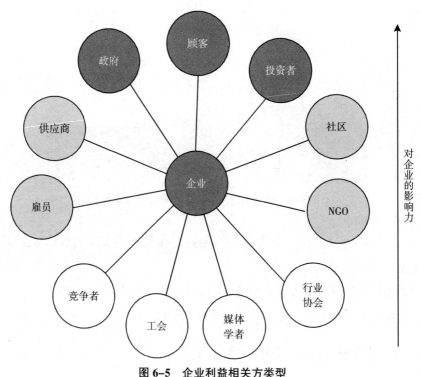

图 6-5　企业利益相关方类型

由于企业利益相关方较多，企业在选择参与对象时需按照利益相关方对企业的影响力以及对企业的关注程度进行关键利益相关方识别，如图 6-6 所示。

（1）对企业具有"高影响高关注"、"中影响高关注"、"高影响中关注"和"中影响中关注"的利益相关方，企业在编写社会责任报告过程中应积极邀请其参与。

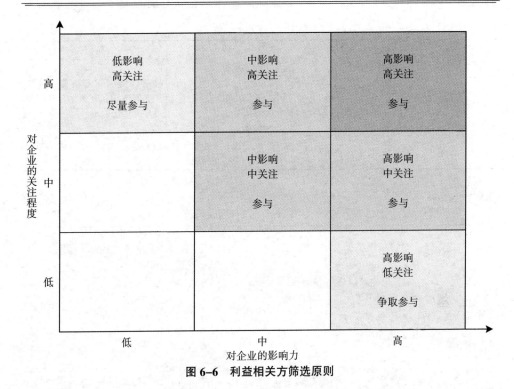

**图 6-6 利益相关方筛选原则**

（2）对企业具有"高影响低关注"的利益相关方，企业在编写社会责任报告过程中应争取请其参与。

（3）对企业具有"低影响高关注"的利益相关方，企业在编写社会责任报告过程中应尽量请其参与。

（4）对其他利益相关方，企业在社会责任报告编写完成后应履行告知义务。

## （三）确定参与形式

在确定利益相关方参与人员后，应确定不同利益相关方的参与形式。按照参与程度划分，利益相关方参与社会责任报告编写主要有三种形式，即告知、咨询与合作，如表 6-1 所示。

**表 6-1 利益相关方参与的形式和价值**

| | 性质 | 形式 | 价值 |
|---|---|---|---|
| 告知 | 被动 | 1. 邮件<br>2. 通信<br>3. 简报<br>4. 发布会 | 将报告编写过程和结果第一时间告诉利益相关方，与相关方建立透明的关系 |

续表

|  | 性质 | 形式 | 价值 |
|---|---|---|---|
| 咨询 | 积极 | 1. 问卷调查<br>2. 意见征求会<br>3. 专题小组<br>4. 研讨会<br>5. 论坛 | 针对性回应利益相关方的期望，倾听相关方意见，与相关方建立信任关系 |
| 合作 | 积极 | 1. 联合成立工作组<br>2. 组成虚拟工作组 | 与利益相关方紧密合作，与相关方建立伙伴关系 |

**案例：**

| 利益相关方 | 对企业的期望 | 回应与沟通渠道 |
|---|---|---|
| 股东与投资者 | ◆ 确保国有资产保值增值<br>◆ 防范经营风险<br>◆ 良好的信息披露<br>◆ 开发需求，拓展市场 | ◆ 投资者会议<br>◆ 报表和拜访<br>◆ 定期汇报工作进展 |
| 政府及监管机构 | ◆ 贯彻宏观政策<br>◆ 推动行业发展<br>◆ 守法合规，公平竞争<br>◆ 依法纳税、稳定就业 | ◆ 参与行业标准制定/研讨<br>◆ 监管考核<br>◆ 主动纳税 |
| 消费者 | ◆ 安全健康的产品<br>◆ 畅通的沟通渠道<br>◆ 完善的客户服务 | ◆ 严格质量管控<br>◆ 企业微博/微信等新媒体<br>◆ 客户满意度调查<br>◆ 应对客户投诉 |
| 供应商与经销商合作伙伴 | ◆ 遵守商业道德<br>◆ 公平公正公开采购<br>◆ 互利共赢、共同发展 | ◆ 制定公平公正的采购政策<br>◆ 严格审核与认证<br>◆ 加强沟通<br>◆ 带动履责 |
| 非政府组织 | ◆ 保持密切联系，信息共享<br>◆ 开展合作 | ◆ 与教育和研究机构合作<br>◆ 加入非政府组织，开展社会活动 |
| 员工 | ◆ 保障基本权益<br>◆ 促进技能提升及职业发展<br>◆ 员工关爱 | ◆ 提供合理的薪酬福利体系<br>◆ 员工培训与反馈<br>◆ 职业健康安全管理<br>◆ 员工职代会等信息沟通<br>◆ 员工关爱与帮扶 |
| 社区 | ◆ 关注民生状况<br>◆ 投身社会公益<br>◆ 服务社区发展 | ◆ 促进就业<br>◆ 带动相关产业发展<br>◆ 社会公益活动 |
| 环境 | ◆ 遵守环保法律法规<br>◆ 合理利用资源<br>◆ 落实节能减排 | ◆ 建立环境管理体系<br>◆ 绿色牧场建设<br>◆ 节能减排与发展循环经济<br>◆ 绿色办公与环保公益 |

——《北京三元食品股份有限公司 2014 年企业责任报告》P12

# 三、界　定

## （一）明确报告组织边界

报告的组织边界是指与企业相关的哪些组织体应纳入报告的披露范围。企业通常可以按照以下四个步骤确定报告的组织边界：

**第一步：明确企业价值链**

企业按照上游、中游和下游明确位于企业价值链的各个组织体，在明确价值链的基础上，列出与企业有关的组织体名单。一般来说，企业价值链主要构成组织体包括：

（1）上游：社区、供应商。

（2）中游：员工、股东、商业伙伴、NGO、研究机构。

（3）下游：分销商、零售商、顾客。

**第二步：根据"控制力"和"影响力"二维矩阵明确报告要覆盖的组织体**

列出与企业有关的组织体名单后，企业应根据"企业对该组织体的控制力"和"该组织体活动对企业的影响"两个维度将组织体分为四类。其中，A类、B类和C类三类组织体应纳入报告覆盖范围，如图6-7所示。

**第三步：确定披露深度**

在明确报告覆盖范围后，应针对不同类别明确不同组织体的披露深度，其中：

（1）对A类组织体：企业应披露对该组织体的战略和运营数据。

（2）对B类组织体：企业应披露对该组织体的战略和管理方法。

（3）对C类组织体：企业应披露对该组织体的政策和倡议。

**第四步：制订披露计划**

在确定披露深度后，企业应根据运营和管理的实际对不同组织体制订相应的披露计划。

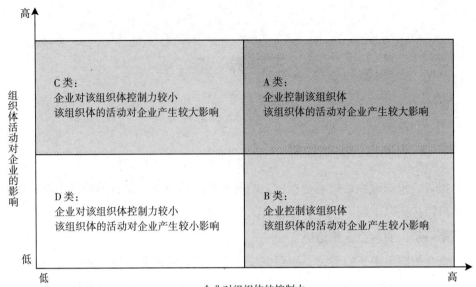

图 6-7  界定报告范围原则

# （二）界定实质性议题

实质性议题，即关键性议题，指可以对企业长期或短期运营绩效产生重大影响的决策或活动。企业可以按照以下三个步骤确定实质性议题：

**第一步：议题识别**

议题识别的目的是通过对各种背景信息的分析，确定与企业社会责任活动相关的议题清单。在议题识别过程中需要分析的信息类别和信息来源如表 6-2 所示。

表 6-2  议题识别的环境扫描

| 信息类别 | 信息来源 |
|---|---|
| 企业战略或经营重点 | 1. 企业经营目标、战略和政策<br>2. 企业可持续发展战略和 KPI<br>3. 企业内部风险分析<br>4. 企业财务报告等 |
| 报告政策或标准分析 | 1. 社会责任报告相关的国际标准，如 GRI 报告指南，ISO26000<br>2. 政府部门关于社会责任报告的政策，如国务院国资委发布的《中央企业"十二五"和谐发展战略实施纲要》<br>3. 上交所、深交所对社会责任报告的披露邀请<br>4. 其他组织发布的社会责任报告标准，如中国社会科学院企业社会责任研究中心发布的《中国企业社会责任报告编写指南（CASS-CSR3.0）》等 |

续表

| 信息类别 | 信息来源 |
|---|---|
| 利益相关方分析 | 1. 利益相关方调查<br>2. 综合性的利益相关方对话、圆桌会议等<br>3. 专题型利益相关方对话<br>4. 利益相关方的反馈意见等<br>5. 与行业协会的沟通和交流 |
| 宏观背景分析 | 1. 国家政策<br>2. 媒体关注点<br>3. 公众意见调查<br>4. 高校和研究机构出版的研究报告 |

**第二步：议题排序**

在识别出社会责任议题后，企业应根据该议题"对企业可持续发展的影响力"和"对利益相关方的重要性"两个维度对实质性议题进行排序，如图 6-8 所示。

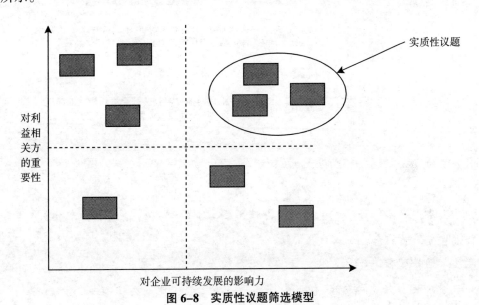

**图 6-8 实质性议题筛选模型**

**第三步：议题审查**

在明确实质性议题清单之后，企业应就确立的实质性议题征询内外部专家意见，并报高层管理者审批。

**案例：中粮集团实质性议题选择**

**识别**

集团基于内外部文献研究及第三方调查，分为公司管理、经济、环境、社会四个维度，共识别出对中粮意义重大的 28 项社会责任实质性议题。

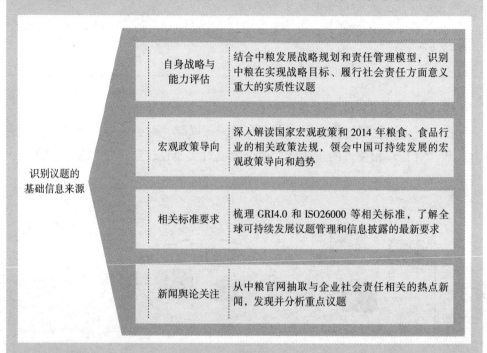

**评分**

集团采用问卷调查的方式，邀请不同类别的利益相关方代表对各项实质性议题进行打分。

**问卷调查**

共回收有效问卷 47 份，内外部相关方代表占比约为 1：2。内部利益相关方（股东、管理者、普通员工）根据议题对中粮的重要程度评分，其他利益相关方（供应商、消费者、客户、农户、政府）根据议题对自身的重要程度评分。

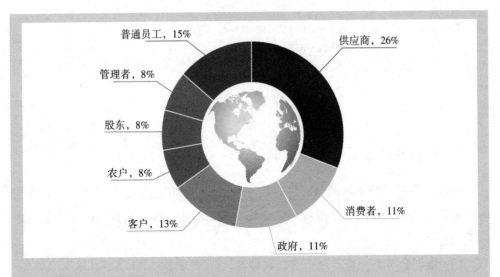

## 排序

基于实质性评估打分结果对议题进行排序，筛选出具有较强实质性的议题，作为报告重点披露内容。

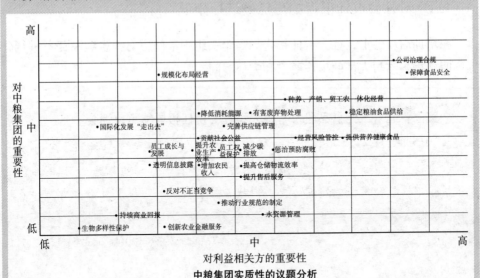

中粮集团实质性的议题分析

——《中粮集团有限公司2014年社会责任报告》P21、P22

# 四、启　动

## （一）召开社会责任报告培训会

召开社会责任报告培训会的目的是通过培训会确保公司上下对社会责任报告的重要性、编写工作流程形成统一的认识。在组织报告编写培训会时应注意考虑以下因素：

（1）培训会对象，企业社会责任联络人。

（2）培训会讲师，外部专家和内部专家相结合。

（3）培训课件，社会责任发展趋势和本企业社会责任规划相结合。

## （二）对社会责任报告编写任务进行分工

在培训启动会上，社会责任报告编写牵头组织部门应对报告编写任务进行分工，明确报告参与人员的工作要求和完成时间。

**案例：北京三元食品股份有限公司社会责任报告编写培训会**

2015 年 3 月，三元召开社会责任培训。中国社会科学院经济学部企业社会责任研究中心主任钟宏武应邀为公司高层领导、各部门社会责任联络人讲解了中国社会责任的发展历史、现状、社会责任管理以及乳业企业社会责任等内容。

——《北京三元食品股份有限公司 2014 年企业责任报告》P11

# 五、撰　写

充足、有针对性的素材是报告高质量的保证。企业在收集报告编写素材时可采用但不限于以下方法：

(1) 下发部门资料收集清单。

(2) 对高层管理者、利益相关方进行访谈。

(3) 对下属企业进行调研。

(4) 对企业存量资料进行案头分析。

---

**资料清单模板：××公司社会责任报告数据、资料需求清单**

填报单位：人力资源部　　　　　　填报人：　　　　　审核人：

1. 数据指标。

| 编号 | 指标 | 2013 年 | 2014 年 | 2015 年 | 备注 |
|------|------|---------|---------|---------|------|
| 1 | 员工总数（人） | | | | |
| 2 | 劳动合同签订率（%） | | | | |
| ⋮ | ⋮ | | | | |

2. 文字材料。

(1) 公平雇佣的理念、制度及措施。

(2) 员工培训管理体系。

……

3. 图片及视频资料。

(1) 员工培训的图片。

(2) 文体活动图片。

……

4. 贵部门认为能够体现我公司社会责任工作的其他材料、数据及图片。

---

# 六、发　布

## （一）确定报告格式

随着技术发展和公众阅读习惯的改变，企业社会责任报告的格式日趋多样。目前，企业社会责任报告的形式主要有：

（1）可下载的 PDF 格式。

（2）互动性网络版。

（3）印刷品出版物。

（4）印刷简本。

（5）网页版。

（6）视频版。

（7）APP 版本。

不同的报告格式具有不同的优缺点和针对性，企业应根据以下因素确立最佳报告形式组合策略：

（1）利益相关方的群体性。

（2）不同利益相关方群体的关注领域。

（3）不同利益相关方群体的阅读习惯。

（4）人们阅读和沟通的发展趋势及技术发展趋势。

## （二）确定报告读者对象

社会责任报告的目标读者通常包括政府、投资机构、客户、员工、供应商、媒体、非政府组织、行业协会和一般公众等。企业应根据自身情况确定目标读者对象。

## （三）确定发布形式

不同的发布形式具有不同的传播效果。通常，社会责任报告的发布形式主要有专项发布会、嵌入式发布会、网上发布、直接递送和邮件发送等，如表 6-3 所示。

表 6-3　报告发布会类型

| 类型 | 含义 |
|---|---|
| 专项发布会 | 为社会责任报告举办专项发布会 |
| 嵌入式发布会 | 在其他活动中嵌入社会责任报告发布环节 |
| 网上发布 | 将社会责任报告放在互联网上并发布公司新闻稿 |
| 直接递送 | 将社会责任报告的印刷版直接递送给利益相关方 |
| 邮件发送 | 将公司社会责任报告电子版或网站链接通过邮件发送给利益相关方 |

# 七、反　馈

在社会责任报告发布后，企业应总结本次报告编写过程并向外部利益相关方和内部相关部门进行反馈。反馈的主要形式包括但不限于会议、邮件、通信等。反馈的内容主要是本次报告对内外部利益相关方期望的回应和未来行动计划。

# 第七章 报告质量标准

## 一、过程性

### （一）定义

过程性即社会责任报告全生命周期管理，是指企业在社会责任报告编写和使用的全过程中对报告进行全方位的价值管理，充分发挥报告在利益相关方沟通、公司社会责任绩效监控中的作用，将报告作为提升公司社会责任管理水平的有效工具。

### （二）过程性涉及社会责任报告全解读

生命周期管理包括组织、参与、界定、启动、撰写、发布和反馈七个过程要素。其中，组织和参与是社会责任报告编写的保证，贯穿报告编写的全部流程。界定、启动、撰写、发布和反馈构成一个闭环的流程体系，通过持续改进报告编制流程提升报告质量和公司社会责任管理水平。

### （三）评估方式

编制报告过程中是否执行了报告管理全过程的规定性工作。

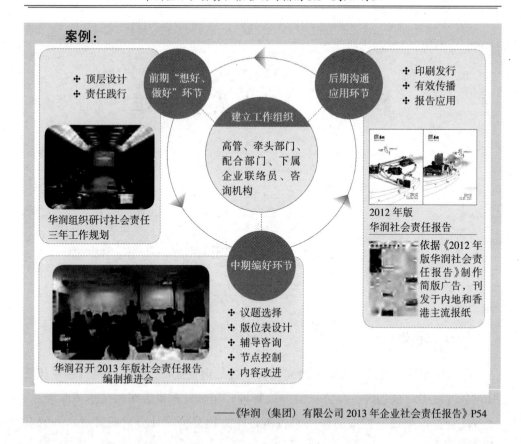

案例：

顶层设计 · 责任践行

前期"想好、做好"环节

后期沟通应用环节

印刷发行 · 有效传播 · 报告应用

建立工作组织

高管、牵头部门、配合部门、下属企业联络员、咨询机构

华润组织研讨社会责任三年工作规划

2012 年版华润社会责任报告

中期编好环节

议题选择 · 版位表设计 · 辅导咨询 · 节点控制 · 内容改进

依据《2012年版华润社会责任报告》制作简版广告，刊发于内地和香港主流报纸

华润召开 2013 年版社会责任报告编制推进会

——《华润（集团）有限公司 2013 年企业社会责任报告》P54

# 二、实质性

## （一）定义

实质性是指报告披露企业可持续发展的关键议题以及企业运营对利益相关方的重大影响。简单地说，实质性就是研究企业社会责任报告披露社会责任信息是否"到位"，考察企业社会责任报告"是否涵盖了行业特征议题、时代议题等关键的社会责任议题，以及是否覆盖了受其重大影响的关键利益相关方"。利益相关方和企业管理者可根据实质性信息做出充分判断和决策，并采取可以影响企业绩效的行动。

## （二）解读

企业社会责任议题的重要性和关键性受到企业经营特征的影响，具体来说，企业社会责任报告披露内容的实质性由企业所属行业、经营环境和企业的关键利益相关方等决定。

## （三）评估方式

内部视角：报告议题与企业经营战略的契合度。

外部视角：报告议题是否回应了利益相关方的关注点。

---

**案例：中粮集团着眼实质性议题披露**

《中粮集团有限公司 2014 年社会责任报告》披露了"经营全球化服务国计民生"、"农业产业化支持'三农'发展"、"产品优质化保障营养健康"、"职场人本化关怀员工成长"、"央企责任化真诚回馈社会"五大关键性社会责任议题，叙述充分、全面，较好地体现了中粮集团极具行业特色的社会责任担当。

---

# 三、完整性

## （一）定义

完整性是指社会责任报告所涉及的内容较全面地反映企业对经济、社会和环境的重大影响，利益相关方可以根据社会责任报告了解企业在报告期间履行社会责任的理念、制度、措施以及绩效。

## （二）解读

完整性从两个方面对企业社会责任报告的内容进行考察：一是责任领域的完整性，即是否涵盖了经济责任、社会责任和环境责任；二是披露方式的完整性，即是否包含了履行社会责任的理念、制度、措施及绩效。

### （三）评估方式

标准分析：是否满足了《中国企业社会责任报告指南（CASS-CSR 3.0)》等标准的披露要求。

内部运营重点：是否与企业战略和内部运营重点领域相吻合。

外部相关方关注点：是否回应了利益相关方的期望。

> **案例：三元社会责任报告披露 74.13%的行业关键指标**
>
> 《北京三元食品股份有限公司 2014 年企业责任报告》共 70 页，从"确保食品质量安全"、"创新产品与服务"、"践行绿色低碳发展"、"共创可持续价值"方面系统披露了食品行业的关键指标的 74.13%，实质性社会责任议题的 81.82%，具有很好的完整性。

# 四、平衡性

## （一）定义

平衡性是指企业社会责任报告应中肯、客观地披露企业在报告期内的正面信息和负面信息，以确保利益相关方可以对企业的整体业绩进行正确的评价。平衡性研究企业社会责任报告披露社会责任信息的"对称性"，要求企业社会责任报告不仅要注重对于正面社会责任信息的披露，更应该披露企业在报告期发生的责任缺失事件以及企业应对责任缺失事件的制度、措施以及取得的绩效。

## （二）解读

平衡性要求是为了避免企业在编写报告的过程中对企业的经济、社会、环境消极影响或损害的故意性遗漏，影响利益相关方对企业社会责任实践与绩效的判断。

## （三）评估方式

考查企业在社会责任报告中是否披露了实质性的负面信息。如果企业社会报告未披露任何负面信息，或者社会已知晓的重大负面信息在社会责任报告中未进行披露和回应，则违背了平衡性原则。

> **案例：华润集团重视负面信息披露**
>
> 《华润（集团）有限公司 2014 年企业社会责任报告》中披露了在落实依法合规建设的实践中，集团对私吞公司财产和收受回扣案件的严厉查处和对相关违纪人员的严肃问责追究。内容详尽，案例丰富，具有较好的平衡性表现。

# 五、可比性

## （一）定义

可比性是指报告对信息的披露应有助于利益相关方对企业的责任表现进行分析和比较，它研究企业社会责任报告披露的社会责任信息可比较程度，有利于企业利益相关方更好地把握企业的社会责任绩效。

## （二）解读

可比性体现在两个方面：纵向可比与横向可比。纵向可比性是同一指标的历史可比性，横向可比性是同一指标的企业之间的可比程度和企业同行业平均水平的可比程度。企业在披露相关责任议题的绩效水平时既要披露企业历史绩效，又要披露同行绩效。

## （三）评估方式

考查企业是否披露了连续数年的历史数据和行业数据。

> **案例：中盐集团社会责任报告披露了 47 个可比指标**
>
> 《中国盐业总公司 2014 年社会责任报告》中披露了 42 个关键绩效指标连续三年的历史数据，同时披露了 5 个公司与同行业的横向比较数据，具有较强的可比性。

# 六、可读性

## （一）定义

可读性指报告的信息披露方式易于读者理解和接受，可读性强的社会责任报告在结构、条理、语言、表达形式以及设计等方面更便于读者接受。

## （二）解读

企业社会责任报告的可读性可体现在以下方面：
- 结构清晰、条理清楚。
- 语言流畅、简洁、通俗易懂。
- 通过流程图、数据表、图片等使表达形式更加直观。
- 对术语、缩略词等专业词汇做出解释。
- 方便阅读的排版设计。

## （三）评估方式

从报告篇章结构、排版设计、语言、图表等各个方面对报告的通俗易懂性进行评价。

> **案例：蒙牛乳业可读性优秀**
>
> 《中国蒙牛乳业有限公司社会责任报告（2008-2013）》在框架结构方面，合理清晰，篇幅适宜；语言表达方面，简洁流畅，结合大量案例，通俗易

懂；在图表方面，关键数据配合手绘卡通画的形式与文字共同呈现，表达更加直观，可读性表现优秀。

# 七、创新性

## （一）定义

创新性是指企业社会责任报告在内容或形式上具有重大创新，即报告在内容和形式方面与以往报告相比是否更有新意，创新性对企业持续推进报告质量的提高提出了新的、更高的要求。

## （二）解读

社会责任报告的创新性主要体现在两个方面：报告内容的创新和报告形式的创新。创新不是目的，通过创新提高报告质量是根本。

## （三）评估方式

将报告的内容和形式与国内外社会责任报告以及企业往期社会责任报告进行对比，判断其有无创新，以及创新是否提高了报告质量。

**案例：**

2014 年华润集团及各直属企业的社会责任报告均采用中国水墨画与现代笔触结合的方式展现，寓意深刻，形式新颖；在高管致辞部分，采用问答形式；在对集团的业务和产品介绍上，报告采用"华小姐带您走进华润"的故事和业务树、品牌树相结合的形式，生动介绍了集团丰富的产品品牌，易于相关方阅读和了解；内容上，增加了"主题实践探索特色责任项目"的专题版块，详细叙述了华润集团在"华润循环经济产业园"、"华润希望小镇"和"依法治企诚信经营"三个方面的社会责任实践。具有很好的创新性。

# 案例篇

# 第八章 一点一滴，汇聚责任
## ——蒙牛乳业社会责任报告管理

# 一、公司简介

蒙牛乳业成立于 1999 年 8 月，总部设在内蒙古自治区呼和浩特市和林格尔盛乐经济园区，是国家农业产业化重点龙头企业、乳制品行业龙头企业。公司已经建成集奶源建设、乳品生产、销售、研发于一体的大型乳及乳制品产业链，规模化、集约化牧场奶源近 100%，在全国 20 多个省区市建立了 33 个生产基地、50 多个工厂，是全球乳业 11 强，是国内第一家年销售额突破 500 亿元的乳品企业，也是香港恒生指数里的第一只乳业蓝筹股。中国最大的粮油食品企业中粮集团是蒙牛最大股东，法国达能、丹麦 Arla 是蒙牛的国际战略伙伴。

# 二、履责历程

表 8-1 履责历程

| 年份 | 大事记 |
|------|--------|
| 1999 | 在呼和浩特一座 53 平方米的破旧民宅里，蒙牛正式成立 |
| 2000 | 蒙牛生产出中国第一袋利乐枕牛奶 |
| 2001 | 蒙牛率先提出"中国乳都"设想 |
| 2002 | 蒙牛产品首次进入香港市场 |

续表

| 年份 | 大事记 |
|------|--------|
| 2003 | 蒙牛牛奶成为中国航天员专用牛奶 |
| 2004 | 蒙牛在香港联合交易所上市（HK2319） |
| 2005 | "蒙牛酸酸乳超级女声"席卷全国 |
| 2006 | 蒙牛开启"每天一斤奶，强壮中国人"送奶公益行动<br>10月，荣获IDF世界乳业创新大奖，这是中国乳业首次荣获国际嘉奖<br>入选"亚洲品牌500强" |
| 2007 | 蒙牛投资12亿元、汇聚全球乳品智能的高科技乳品研究院暨高智能化生产基地建成 |
| 2008 | 蒙牛开展"牛奶安全工程" |
| 2009 | 蒙牛入选2009年中国最具价值品牌排行榜，并跻身世界乳业十六强<br>7月，与中粮集团达成战略合作，中粮成为蒙牛第一大战略股东 |
| 2010 | 蒙牛全年营收约302亿元，成为首个突破300亿元的中国乳品企业 |
| 2011 | 蒙牛营收373亿元，连续五年荣列全国市场同类产品销量销售额第一名<br>第二十八届世界乳业大会上，蒙牛"新养道"荣获"乳品创新奖" |
| 2012 | 蒙牛与丹麦Arla爱氏晨曦达成战略合作，Arla爱氏晨曦成为蒙牛第二大战略股东<br>6月，中丹两国农业部牵头成立"中丹乳品技术合作中心"，蒙牛承担中方的实施工作 |
| 2013 | 蒙牛增持中国最大的奶牛养殖企业现代牧业的股份，成为现代牧业最大单一股东<br>与达能签署框架协议，组建新的合资公司专门从事酸奶生产及销售业务，达能成为蒙牛的战略股东<br>6月，并购雅士利，开创中国乳业迄今最大规模的一次并购 |
| 2014 | 蒙牛营收突破500亿元<br>蒙牛成为入选香港恒生指数成份股的乳业第一股<br>达能增持蒙牛股份，成为蒙牛的第二大战略股东<br>"中国—丹麦乳品技术合作中心"正式入驻中粮营养健康研究院，同日，Arla中国创新中心成立 |

# 三、责任报告

## （一）报告概览

### 表 8-2　蒙牛乳业可持续发展报告发布情况

| 时间 | 报告页数 | 报告语言 | 报告版本 | 参考标准 |
|------|---------|---------|---------|---------|
| 2009~<br>2013年 | 72 | 中英双语 | 电子版/纸质版 | 国际标准化组织《ISO26000：社会责任指南（2010）》<br>全球报告倡议组织《可持续发展报告指南（G4版）》<br>香港联合交易所《环境、社会及管制报告指引》 |
| 2007年 | | 中文 | 电子版/纸质版 | |

## （二）报告投入

每年报告编写的投入如表8-3所示。

**表8-3 报告投入**

| 时间 | 投入人员 | 投入时间 | 搜集素材 |
| --- | --- | --- | --- |
| 2009~2013 年 | 6 人 | 6 个月 | 30 多万字的素材及照片 |

# 四、报告管理

## （一）组织

蒙牛以公司社会责任委员会、社会责任工作办公室及各业务系统的现有社会责任联络员为基础，逐步建立机构完整、权责明确、上下联动、运转高效的社会责任组织体系，实现社会责任组织机构在总部、业务系统、下属企业的全面覆盖，形成三级联动机制。

社会责任委员会是蒙牛推进可持续发展的重要组织保障。由公司总裁亲任委员会主任，各系统负责人任副主任，负责明确公司社会责任战略发展方向、督促社会责任工作开展和考核评估社会责任工作绩效。社会责任委员会下设社会责任办公室，负责协调公司社会责任委员会小组工作推进。公司围绕履行社会责任的领域，成立社会责任委员会工作小组，邀请专业合作伙伴作为外部顾问，实现公司内外跨系统、跨领域的协力合作。

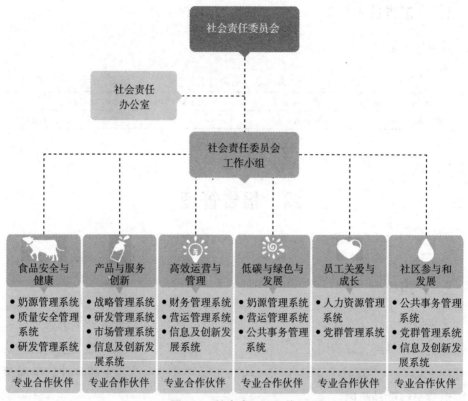

**图 8-1 社会责任组织体系**

## (二) 参与

**表 8-4 社会责任参与**

| 利益相关方 | 期望 | 沟通与回应渠道 |
|---|---|---|
| 股东与投资者 | 资产保值增值<br>防范经营风险<br>开拓新市场与新机会 | 企业年报和公告<br>路演 |
| 政府与监管机构 | 合规运营<br>依法纳税<br>贡献地方经济发展 | 监管考核<br>主动纳税<br>专项会议 |
| 消费者 | 安全健康的产品<br>畅通的沟通渠道 | 企业微博<br>企业微信 |
| 供应商 | 公开、公平、公正采购<br>诚实守信<br>信息保密 | 供应商大会<br>供应商分级管理 |
| 城市经理人 | 互利共赢<br>共同成长 | 经销商大会<br>决策管理委员会 |

续表

| 利益相关方 | 期望 | 沟通与回应渠道 |
|---|---|---|
| 环境 | 环境保护<br>节能减排 | 在线监测网站<br>网络微博 |
| 员工 | 职业健康<br>工资与福利保障<br>搭建成长平台<br>工作与生活平衡 | 管理者信箱<br>职工代表大会<br>培训交流 |
| 社区 | 促进就业<br>当地经济发展 | 提供就业岗位<br>拉动地方相关产业发展<br>改善当地基础设施建设 |

## （三）界定

### 1. 议题确定流程

蒙牛乳业参考 GRI 实质性准则，明确识别、排序、审核、确认四个流程。在识别环节，充分考虑企业战略与运营重点、社会责任国际标准、宏观政策与背景、利益相关方关注点等，识别企业可持续发展管理的核心议题。通过对公司的影响、对利益相关方影响的排序，选定议题管理的顺序，将对公司战略重要性、对利益相关方重要性较强的议题识别出来。经公司领导层、各业务系统以及社会责任专家的审核，确认各个领域关键议题，更好地推进社会责任工作。

### 2. 社会责任核心议题

蒙牛乳业全面梳理公司的核心业务，结合议题管理流程，筛选出公司可持续发展管理的重要议题。

### 3. 社会责任模型

蒙牛乳业携手牧场主、供应商、城市经理人等合作伙伴，以创新的形式履行社会责任，在食品安全与健康、产品与服务创新、高效运营与管理、低碳与绿色发展、员工关爱与成长、社区参与和发展六大社会责任核心领域，创造经济、社会、环境综合价值，构建可持续生态圈，为消费者奉献优质健康的食品营养，增进牧场主、城市经理人的合作共赢，共同推动蒙牛和社会的可持续发展。

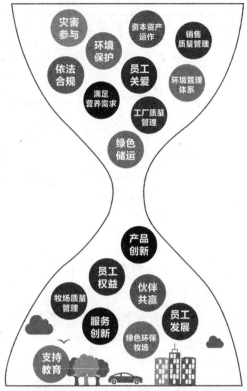

**图 8-2 社会责任模型**

## （四）启动

蒙牛乳业于 2013 年 3 月 28 日召开 2013 年可持续发展报告编制启动会，总部各部门社会责任工作负责人员参与会议。会议明确了 2013 年可持续发展报告编写的整体安排、时间节点、注意事项等，并为报告资料收集工作在系统内部做预热。同时，聘请外部讲师为相关人员做了培训，涉及社会责任最新理念和报告编制办法等。

## （五）编写

1. 前期准备阶段

（1）组建报告编制小组。蒙牛乳业建立了由公司社会责任委员会牵头组织、社会责任工作办公室主要负责、其他职能部门和单位共同参与的可持续发展报告编制小组。

（2）利益相关方参与。蒙牛乳业邀请内外部利益相关方参与本报告编写过程，日常通过公司网站、报纸、期刊、业务报告、电台、电视和微博等媒体以及参与各种形式的利益相关方沟通会等形式与利益相关方进行广泛沟通，收集利益相关方关注的议题和期望。

（3）实质性议题识别。蒙牛乳业充分考虑企业战略与运营重点、社会责任国际标准、宏观政策与背景、利益相关方关注点等，识别企业可持续发展管理的核心议题。通过对公司的影响、对利益相关方影响的排序，选定议题管理的顺序，将对公司战略重要性、对利益相关方重要性较强的议题识别出来。最后经公司领导层、各业务系统以及社会责任专家的审核，确认各个领域关键议题，更好地推进社会责任工作。

2. 报告编写阶段

（1）确立大纲。编制小组根据从各个职能部门收集的可持续发展报告文字、图片和数据资料，公司 2009~2013 年的各类出版物（包括公司年报、各类公告、内部报刊等），结合蒙牛乳业履责特色及时代背景，确定了 2013 年的报告大纲和主体框架。

（2）撰写报告正文。编制小组参考国际标准化组织《ISO26000：社会责任指南 (2010)》、全球报告倡议组织《可持续发展报告指南（G4 版）》、香港联合交易所

《环境、社会及管制报告指引》确定各项核心议题和绩效指标，撰写报告正文。在翻阅了近 30 万字的内外部资料，与利益相关方进行广泛沟通，筛选大量表现力较强的图片之后，历时一个半月完成了正文的撰写工作。

（3）将"可持续生态圈"理念贯穿始终。围绕提炼出的"可持续生态圈理念"，报告编制过程中充分引入员工、合作伙伴等利益相关方的反馈，体现公司与利益相关方相互交流、共同发展的良好发展氛围。同时，引入社会责任专家对公司履责实践的点评，为公司更好地推进可持续发展管理提供建议。

（4）一本真正面向消费者的报告。结合公司快消品的行业属性，公司在每个篇章用一个故事引入，激发读者的兴趣。在正文中，大量采用漫画、素描等萌化方式增强阅读友好性，既符合公司面向公众的定位，也为公司可持续发展传播提供了平台。

3. 评级与总结阶段

（1）报告审验。公司委托汉德技术监督服务（亚太）有限公司开展 2013 年可持续发展报告的审验工作。编制小组及时提供了利益相关方清单、利益相关方参与报告编写过程记录、企业社会责任实质性议题界定与确认资料、报告撰写过程资料（资料收集、访谈及调研分析等）等，积极配合审验人员完成审验工作，验证报告编制的客观性、准确性。

（2）项目总结会。报告编写完成后，编制小组召开项目总结会，回顾报告编写的过程，分析总结报告编写的创新之处、不足之处，并对明年的报告作一定的设想，包括社会责任信息收集制度的完善、进一步挖掘并传播公司履责亮点、进一步发挥以报告促管理的价值和作用等。

## （六）发布

蒙牛乳业在公司官网发布了 2013 年可持续发展报告的网络版，通过灵活生动、可读性强的电子书形式以及微信版（H5）形式，向关心蒙牛乳业的各利益相关方介绍了公司 2013 年的履责实践和成效。同时加强在自有员工及利益相关方中的传播力度，让广大投资者及自有员工充分了解、理解蒙牛乳业的社会责任工作，更好地发挥社会责任报告的影响力。

## （七）使用

可持续发展报告作为一种按照国际通行标准编制、经第三方审验、符合国际惯例的责任沟通工具，是国际交流的"通用语言"，也是目前国内外推崇和认可的责任沟通方式。公司对报告的使用提出一些工作思路：一是在国际国内交流、业务交往、投融资活动中使用可持续发展报告作为企业的介绍材料。二是在公关活动中使用，主动向利益相关方递送报告，及时、客观地反映公司履行社会责任的情况。三是面向内部员工（包括新员工）提供可持续发展报告，深入系统地介绍公司可持续发展的理念、行动与绩效。四是在社会责任管理工作中使用，以报告为基础，通过与可持续发展指标及优秀案例的对标，积极研究与学习、探索与改进，找到自身在社会责任管理工作中的不足，提升社会责任管理水平。

◆ 拜访政府递送 CSR 报告，传递合规负责信息

◆ 总裁会面赠送 CSR 报告，展示可持续发展实力

◆ 会议活动使用，沟通 CSR 信息

◆投标使用，增强公信力

**图 8-3　使用方式**

# 第九章  践行双重责任，保护美好水源

## ——达能集团可持续发展报告管理及中国达能饮料水生态系统保护项目介绍

# 一、公司简介

法国达能集团是财富 500 强企业，也是全球第二大包装饮用水生产商，以"通过食品，为尽可能多的人带来健康"为企业使命。中国达能饮料是达能集团在中国最大的子公司，自 2008 年在广州正式成立管理总部后，揭开了达能饮料事业在中国的新篇章。公司业务近年来一直保持健康增长。公司旗下主要产品包括：脉动维生素饮料、益力饮用天然矿泉水、乐百氏饮用纯净水、乐百氏饮用矿物质水、乐百氏饮用天然矿泉水等。脉动近年发展迅速，并已成为中国饮料市场的领导品牌之一。

中国达能饮料始终坚持履行企业社会责任，根据自身的业务和战略，积极推广碳足迹活动，旗下所有工厂都获得了 ISO14001 环境管理体系的国际认证。公司持续投入大量资金及人力，通过相关项目，从水资源保护、生态恢复、应对气候变化、社区共享价值、可持续农业和可持续包装几大方面，实现企业对环境和社会的承诺，实现可持续的发展。

作为饮料企业，中国达能饮料特别关注水资源的保护和可持续利用。2011年起，中国达能饮料联合社会多方力量发起了水生态系统保护项目，旨在实现公司长期水资源保护的愿景——"与您携手，恢复理想水生态"，至今已先后启动了生态龙门和东江源寻乌水生态保护项目。

# 二、履责历程

表 9-1　履责历程

| 年份 | 履责实践 |
|---|---|
| 1972 | 达能集团创始人安托万·里布提出公司要履行经济与社会双重责任 |
| 1985 | 达能集团与全球食品行业最大的国际联盟——国际食品劳联（IUF）首次会议，在集团全球子公司内部开展社会对话 |
| 1998 | 达能集团首次发布社会与环境责任年度报告，积极支持《拉姆萨尔公约》 |
| 1999 | 达能集团入选道琼斯可持续发展指数榜 |
| 2001 | 达能集团推出"达能之道"项目，规范达能基本社会原则 |
| 2007 | 达能集团成立了专门用于资助社会企业发展的"达能共同基金"，并与 2006 年诺贝尔奖获得者、格莱珉银行创始人穆罕默德·尤努斯教授在孟加拉国合资创建了社会企业——格莱珉达能食品公司 |
| 2009 | 达能生态系统基金成立 |
| 2011 | 达能生计基金成立 |
| 2012 | 中国达能饮料获 2012 年安全生产工作先进企业称号 |
| 2013 | 中国达能饮料获 2013 年中国饮料行业节能优秀企业称号 |
| 2014 | 中国达能饮料参加"金蜜蜂企业社会责任·中国榜"，获"金蜜蜂 2014 年成长型企业"称号<br>中国达能饮料获中国饮料行业实践社会责任优秀企业称号<br>社会责任案例被编入《2014 年中国饮料行业可持续发展报告》 |
| 2015 | 中国达能饮料参加由《南方周末》主办的第七届中国企业社会责任年会，总裁周涛获年度企业社会责任领袖称号，公司"水生态系统保护项目"入选年度企业责任案例 |

# 三、责任报告

　　早在 20 世纪 70 年代，达能的创立者安托万·里布就提出："企业责任不仅局限于工厂和办公室里。企业设立的工作岗位对员工的生活有着至关重要的影响，而我们所消耗的能源和原材料也在改变我们赖以生存的地球环境。公众舆论时刻提醒着我们在当今的工业化世界中承担起我们的责任。"这一观点在商业目标和社会目标并重的达能社会企业项目中逐渐完善，并构成了达能商业模式的基础。它的核心源于一条基本的原则：将经济效益、人文关怀和环境保护放在同等重要的地位。早在 2006 年，达能集团就发布了其首部可持续发展报告。

**表 9-2　达能集团可持续发展报告发布情况**

| 年份 | 报告页数 | 报告语言 | 报告版本 | 参考标准 |
|------|---------|---------|---------|---------|
| 2006 | 63 | 英语 | 电子版/纸质版 | 全球报告倡议组织《可持续发展报告指南》（GRI G3） |
| 2007 | 73 | 英语 | 电子版/纸质版 | 全球报告倡议组织《可持续发展报告指南》（GRI G3） |
| 2008 | 128 | 英语 | 电子版/纸质版 | 全球报告倡议组织《可持续发展报告指南》（GRI G3） |
| 2009 | 266 | 英语 | 电子版/纸质版 | 全球报告倡议组织《可持续发展报告指南》（GRI G3.1） |
| 2010 | 231 | 英语 | 电子版/纸质版 | 全球报告倡议组织《可持续发展报告指南》（GRI G3） |
| 2011 | 229 | 英语 | 电子版/纸质版 | 全球报告倡议组织《可持续发展报告指南》（GRI G3） |
| 2012 | 176 | 中英双语 | 电子版/纸质版 | 全球报告倡议组织《可持续发展报告指南》（GRI G3） |
| 2013 | 169 | 中英双语 | 电子版/纸质版 | 全球报告倡议组织《可持续发展报告指南》（GRI G3） |
| 2014 | 155 | 中英双语 | 电子版/纸质版 | 全球报告倡议组织《可持续发展报告指南》（GRI G4） |

# 四、报告管理

## （一）议题确定流程

达能集团根据全球报告倡议组织《可持续发展报告指南》（GRI G4）编写了 2014 年的可持续发展报告。GRI 建议企业的可持续发展报告要根据企业自身特性编写，尤其侧重那些对企业发展至关重要的指标及项目，以不断地提高可持续发展报告的相关性、透明度和质量。在此框架下，为了最准确地定义这些重要指标及项目，达能集团经过与利益相关方反复磋商，于 2013 年制定了重要议题分析流程，并在 2014 年继续沿用。具体步骤如下：

（1）通过分析与达能集团及其经营环境相关的重要文件，初步确定与整个集团相关的重要项目及指标。

（2）通过与利益相关方代表单独访谈（9 名内部代表，13 名外部代表），了解他们对这些重要项目及指标的看法。

（3）根据这些项目及指标对达能集团业务潜在的影响（包括对监管和经济方面的影响、对公司名誉及投资者信心的影响、对顾客忠诚度和职工满意度的影响），以及对（参与调查会晤的）利益相关方的重要性，我们对这些项目和指标进行了排名。

## （二）社会责任核心议题

达能集团全面梳理公司的核心业务，结合利益相关方调查所获取的利益相关方诉求，总结出 3 个社会责任的核心议题。

表 9-3　核心议题

| 核心议题 | 重要指标 |
| --- | --- |
| 通过食物，把健康带给尽可能多的人 | 营养和健康：保证生产健康、安全的产品；推进健康生活方式及营养教育 |
| 保护及珍惜战略性的资源 | 负责任的采购：审查供应商的企业社会责任表现；与供应商建立可持续的合作关系<br>环境：管理及保护水资源；保证可持续的原材料供应；减少废物数量；支持安全的循环利用；减少产品生产活动对环境造成的影响 |
| 以人为本的企业文化 | 社会：与员工间保持开放及有效的社会对话；关注员工职场健康及安全；关注员工发展<br>社区：保证生产地所在社区内的水供给；支持本地经济；保证人权；打击欺诈和腐败 |

## （三）报告数据收集

为确保报告范围内指标的同质性，达能集团每年会在完成数据合并和参考各方意见后，更新并公布最新的针对社会、安全与环境数据的汇报指导方针到各子公司。这些指导方针规定了报告数据要使用的方法：定义、方法论原则、计算公式和标准指标。如有需要，各子公司可向总部社会责任部索取涉及环境、社会、安全与 GHG 数据的指导方针。

环境数据先由子公司进行检查，然后再由地区总部进行第二次审查。对于社会和安全数据，在第三季度末以及 12 月 31 日数据合并之时进行审查。集团总部社会责任部负责在集团层面合并由各个子公司与生产基地提交的社会、安全与环境指标，再生成可持续发展报告。

## （四）社会责任模型——"达能之道"项目

为了更好地管理和评估子公司在社会责任和环境方面的表现，帮助扩展集团内部的可持续发展文化和基础元素，达能集团在 2001 年创立了"达能之道"项目。集团子公司每年会接受评估，针对五大主题（包括员工权益、员工关系、环境、消费者与监管）中的 16 项基本原则，根据其政策成熟度以及对应的绩效水平进行评级，并根据发现的可改善点制定目标和行动计划。而集团的整体表现也会在每年的可持续发展报告中得到体现。

2014 年，147 家公司参加了"达能之道"项目，占达能集团总营业额的 93%（2013 年占比为 89%）。中国达能饮料自 2011 年以来，连续三年取得了进步，并在 2013 年获得了 4 星佳绩（2014 年结果仍未公布）。

## （五）社会责任项目——中国达能饮料的水生态系统保护项目

除了"达能之道"外，集团也鼓励各事业部及子公司根据自身业务特性及实际情况制定相关的可持续发展战略。中国达能饮料根据自身的经营情况，一直与"水"有着不解之缘。不遗余力地监测并保护与业务密切相关的地下水水源，通过系统化的水源管理评估工具（SPRING）跟踪水源健康状况，制定并执行持续改进方案，中国达能饮料也与合作伙伴一道探索小流域综合保护的实践，通过生态恢复、公众参与、可持续生计、政策倡导等方式推动广东龙门水源地上环境和生计的双赢。

从 2014 年开始，中国达能饮料志在走得更远、飞得更高，正式将"水生态保护"定位为公司长期可持续发展的核心。不仅要关注与自身生产直接相关的水源地保护和恢复，而且放眼于中国具有高度生态和社会价值的流域。通过长期的实地项目，与环保组织、当地民众、政府、学术界及其他社会力量一道，引入科学并适用于当地的保护理念和实践，促进环境、经济和社会的多方共赢。

在未来的 2~3 年，东江流域是中国达能饮料重点关注的区域。东江是珠江三大支流之一，养育着流域内生活的近 5000 万民众，也为珠江三角洲地区的经济和社会发展提供着关键的资源支撑，流域 GDP 约占广东全省的 70%。东江水关乎东江流域特别是下游珠三角地区的饮用水安全保障问题，东江不仅提供河源市、惠州市、东莞市、深圳市以及部分广州市人民的生活和生产用水，而且还是香港居民的主要饮用水源。在东江中游的龙门积累了丰富的在地工作经验之后，中国达能饮料及其合作伙伴们决定将目光延伸到东江的源头——江西省寻乌县，开展系统性的水生态保护及修复工作，搭建平台并开展形式多样的公众参与活动，促进东江源头的水生态系统健康，提升公众环保意识和参与感，贡献于东江流域的可持续发展。2015 年 1 月，寻乌项目正式启动。

在中国达能饮料的支持下，世界自然保护联盟（IUCN）与政府、社区紧密合作，立意源头保护、惠泽东江，在寻乌东江源区域开展水源地生态系统保护和修复、带动社区环境和经济可持续发展、探索跨部门协作机制，并争取将项目的成果和经验通过东江上下游联动协作，分享和扩大到东江、珠江流域；同时，通过促进水生态保护和社区可持续发展项目的公共传播和公众参与，扩大项目对于保护和发展和谐统一的指导性意义，为更多地区、特别是水源地区域的保护与发展提供参考。

本项目的总体目标是到 2020 年，通过机制化的跨部门统筹协调、上下游各地区利益相关方协调沟通以及公众和社区的广泛参与，让寻乌东江源区域面积超过 4000 公顷的关键森林和湿地生态系统得到保护和修复，河流湿地生态功能得到有效恢复；超过 5000 户农村居民的生活污水和生活垃圾处理现状得到明显改善，生活方式得到绿色转变；水生态环境得到明显好转，初步实现"美丽东江源"的新面貌。

### （六）报告有效性

为确保可持续发展报告中的内容（特别是"达能之道"部分），以及"达能之道"项目运营结果的可靠性和稳健性，达能集团委托毕马威这家外部审计机构对该项目的运营结果进行了确认。在可持续发展报告内可以看到该审计报告，其中详述了他们所开展的工作内容以及评论总结。此外，该报告中发布的某些社会和环境数据也在达能集团注册文件的 5.2 章节中发布，且已经通过达能法定审计机构普华永道的审核（此类数据使用"√"标记）。

### （七）发布与使用

达能集团在公司官网陆续发布了 2006~2014 年的可持续发展报告电子版，所有发布的可持续发展报告一同构成了集团的可持续发展报告群。而每年报告的样式都会有一点更新改动，务求更加灵活生动、增强可读性。报告面向关心达能集团的各利益相关方介绍了公司历年来的履责实践和成效，同时也会以不同的宣传沟通形式，如依托内部邮件、电子报、内部信息沟通平台、外部社交媒体平台、主动给利益相关方寄送等方式加大报告在自有员工及利益相关方中的传播力度，让广大投资者及自有员工充分了解、理解达能集团的社会责任工作，更好地发挥社会责任报告的影响力。

中国达能饮料依托自身的官方网站平台，特意设立一个栏目对外发布自身履行企业社会责任的信息。该栏目会定时从水生态、气候变化、服务社会、政策与报告、志愿者五大角度更新公司主要社会责任项目的信息，也会把集团、公司在可持续发展方面的战略宣告于公众，力求实事求是、稳步前进，坦诚面对公众。

从达能集团的可持续发展报告中可以清楚看到集团历年来在企业社会责任方面的履责情况。报告是对外沟通宣传，增强合作方、投资方及消费者对公司企业社会责任工作的了解，提升公司美誉度与品牌形象的渠道，同时也是不断完善公司各子公司及总部可持续发展管理及与利益相关方对话沟通的过程。通过发布可持续发展报告，公司的非竞争性信息高度透明公开，是公司自觉愿意接受公众监督的表态，也是对公司往更好、更可持续发展道路上不断前进的鞭策。

# 第十章　产业报国　责任先行

## ——雨润社会责任实践

# 一、公司简介

雨润集团成立于 1993 年，是国家农业产业化重点龙头企业。雨润秉承"食品工业是道德工业"的核心经营理念，推行"从田头到餐桌"的全产业链经营模式，以先进的生产工艺和技术，引领国内肉制品健康消费潮流。雨润牌低温肉制品、冷鲜肉市场占有率连续多年居全国首位，五星级酒店市场份额占 70% 以上。目前，雨润已拥有"雨润"、"哈肉联"、"旺润"三个中国驰名商标和一个"哈肉联"中华百年老字号，市场覆盖全国 300 多个大中城市，并出口至澳大利亚、新西兰、俄罗斯、韩国、中东、东南亚、中国港澳等国家和地区。

科研是雨润的核心竞争力。雨润是食品行业首家同时拥有"国家级重点实验室"、"博士后工作站"、"院士工作站"、"国家级企业技术中心"、"国家级肉品工程中心"和"国家级检测中心"的民营企业。2014 年，雨润在"肉类品质控制关键技术"领域获得"国家科学技术进步二等奖"。

# 二、履责历程

**表 10-1  履责历程**

| 年份 | 大事记 |
|------|--------|
| 1993 | 南京市雨润肉食品公司成立，提出"食品工业是道德工业"的核心理念 |
| 1997 | 收购南京罐头食品厂 |
| 1999 | 雨润低温肉制品销售额和市场占有率跃居全国第一位 |
| 2000 | 南京雨润肉食品有限公司被国家农业部等 8 部委确认为农业产业化国家重点龙头企业 |
| 2002 | 江苏雨润食品集团有限公司首次进入中国企业 500 强，列第 340 位<br>雨润收购南京中商股份 |
| 2003 | 收购哈尔滨大众食品公司，强强联合，拉开全国战略布局序幕 |
| 2005 | 雨润食品在香港联合交易所成功上市 |
| 2006 | 江苏雨润食品产业集团有限公司出资 2000 万元成立雨润慈善基金 |
| 2007 | 雨润集团与有百年历史的意大利 Beretta（百乐得）肉食品股份有限公司共同投资，设立合资企业 |
| 2008 | 雨润荣获"中国驰名商标"称号 |
| 2009 | 雨润向中央商场发起全面要约收购，持股比例超过 70%，成为绝对控股股东 |
| 2010 | 越南政府总理阮晋勇一行考察参观雨润集团总部 |
| 2011 | 雨润肉品加工与质量控制国家重点实验室正式揭牌<br>雨润作为发起人和第一大股东的利安人寿保险股份有限公司正式成立 |
| 2012 | 江苏省 2012 年首家示范性企业大学"雨润大学"正式在南京挂牌成立 |
| 2013 | 雨润与美国"梦工厂"在南京签署全面战略合作协议，独家引进真人舞台剧《驯龙高手》LIVE 秀，拉开进军文化产业的序幕 |
| 2014 | 雨润集团与南京农业大学周光宏教授课题组共同完成的"冷却肉品质控制关键技术及装备创新与应用"项目获国家科学技术进步二等奖 |

# 三、责任实践

作为国家级农业产业化龙头企业，雨润在做大龙头的同时，积极承担社会责任，发挥引领示范作用，带动千百万农民致富。坚持"社会先受益，企业再受益"，反哺社会，互利共赢。通过龙头企业的集聚效应，联动产业发展，实现一体化运营。

雨润在其覆盖区域服务民生，促进社会就业。以品牌名企的责任与担当，积极投身公益事业和慈善活动，支持教育事业发展，实现产业报国。

## （一）全产业链经营，筑牢食品生态圈

早在 1993 年创立初，雨润便提出"食品工业是道德工业"的核心理念，始终恪守食品安全的底线，推行食品安全"一票否决"的企业文化，将道德理念贯穿生产的过程，融入文化的精髓，内化于员工的血液，从根本上杜绝生产伪劣有害食品的动机和行为，打造让 13 亿国人最值得信赖的产品流水线和安全生命线。

雨润从养殖环节就开始严格质量管控。为猪创造良好的饲养环境，是为了保障最终出栏的猪肉品质。除了为猪的生长提供良好的环境，雨润还制定了一系列严格的制度，保障最终猪肉的品质。据了解，为了避免流动人员将外来病疫带入养殖基地，雨润在基地内采用全封闭的养殖管理模式。

作为肉制品加工的龙头企业与最早实施"全产业链经营模式"的企业之一，雨润对检验检疫程序进行了完善，建立了覆盖全国的质量检测网络，并在屠宰行业率先提出"21+1"的检验检疫程序。

21，代表的是雨润每批产品坚持 21 道检验检疫，从生猪进厂到消费终端，对于雨润来说是严防死守的战役。1，代表的是生猪屠宰检疫中的"瘦肉精头头检"，将这一环节单独列出是因为瘦肉精检测涉及生猪屠宰工序中的不同环节，设有生猪进厂、屠宰、出厂三道关卡，并实行"头头检"的标准。

为了确保 100% 的合格出厂，雨润配置了先进的瘦肉精检测设备。除常规的快速尿检和在线酶标仪头头检测外，雨润每个区域工厂都配置了价值数百万元的液相色谱仪和液质联用仪，以便进行准确复检。

在三聚氰胺和瘦肉精事件发生后，雨润特别加强了对检疫的投入。目前，雨润公司可检测的项目不仅包含了肉制品常规检测项目，如瘦肉精检测等，还增加了关于原、辅料微量元素（铅、砷、汞），农残、药残（氯霉素、硝基呋喃类、磺胺类物质），4 种常见制病菌等的检测。在屠宰环节，雨润有一系列的硬性标准，如从击晕生猪到放血的时间是 15 秒。生猪刚屠宰时体温在 42℃ 左右，为了迅速进入冷却环节，雨润要求屠宰环节必须控制在 33 分钟内，而国家标准是 45 分钟，比国家标准减少的这 12 分钟，既是雨润对效率的追求，也是其对食品质

量的要求。

雨润还在国内肉食品行业中率先通过了 ISO9001 国际质量体系认证、ISO14001 环境管理体系认证、OHSMS18001 职业健康安全管理体系认证、HAC-CP 认证和 QS 质量安全市场准入认证五大质量体系认证。此外，雨润对供应链建设进行了优化和调整，以此保障雨润产品能更好地到达消费者身边。

雨润积极响应国家相关部委的部署，率先在行业内推行食品安全全程可追溯体系建设。雨润为每一批次产品建立"户口档案"并统一编码；对每个生产环节的数据进行记录保存；对每一家供应商实行在线管理并溯源；特别是生猪屠宰，严格执行在线头头检测；所有产品均可追溯到具体工序、班组和责任人；定期组织产品召回演练，一旦发生安全事故，可在最短时间内从市场召回全部问题产品，真正做到"来源可追溯、去向可查证、责任可追究"。

为了保障食品安全，雨润建立起了自己的物流辐射网络，以便以最快的速度将产品送到每一位顾客的餐桌。雨润自购数百辆各种型号的全自动控制冷藏车辆，所有冷藏车辆全部采用进口制冷设备，可以根据产品所需温度进行设定，保障产品在途恒温运输。

同时，雨润集团为有效监督车辆送货途中冷链运行状况，所有车辆安装了温度跟踪仪。通过温度跟踪仪反馈的数据，对产品在途温度控制进行全程监控。并通过物流 ERP 系统、车辆 GPS 定位系统，做到冷链物流科学管理，冷藏车辆实时控制。

此外，雨润还根据自己企业的特性，提出了肉食品行业全产业链经营的概念，即充分利用社会资源，与第三方冷藏物流紧密合作，整合冷链资源。在销售终端，雨润积极与麦德龙、沃尔玛、大润发等大型现代商超进行合作，让冷链延伸到终端，保证雨润产品更好地到达消费者身边。

全方位的冷藏保障措施，使雨润冷鲜肉从原料检疫、屠宰、快冷分割到剔骨、包装、运输、贮藏、销售的全过程始终处于严格监控下，防止了可能的污染发生，真正做到了"源头有保证，全程有冷链"。

## （二）联动产业发展，服务国计民生

"授人以鱼，仅供一饭之需；授人以渔，则终身受用无穷。"雨润作为全国首批"国家级农业产业化重点龙头企业"，发挥带动示范作用，促进更多的农民增收致富。通过开发式扶贫，企业的产业化投资，培育农村"造血"功能，全力带动农业主产区农民的增收致富，才能更好地消灭绝对贫困，实现可持续发展。在龙头企业自身不断壮大、"全产业链"不断完善的同时，"企业公民"的理念深深融入企业经济活动之中，支持和带动农村发展，与政府一起解决社会转型期出现的问题和矛盾，力求将"经济交换"转化为"社会交换"，强化对农村地区的"造血"功能，促进"三农"建设。

做大做强企业的同时，以社会发展为己任，坚持工业反哺农业。雨润通过企业的产业化投资，全力带动农业主产区农民的增收致富，促进城乡一体化发展与新农村建设。近几年，雨润直接带动 900 万户、4500 万名农民实现增收，增收总额超过 150 亿元。

依托龙头企业的品牌效应与市场渠道，推动建立"公司+基地+农户"模式，以公司或集团企业为主导，以农产品加工运销企业为龙头，重点围绕一种或多种产品的生产、销售，与生产基地和农户实行有机的联合，进行一体化经营，形成"风险共担，利益共享"的经济共同体。

坚持"公司+基地+农户"这种模式，完成与基地农民的对接，打通第一、第二、第三产业，将信息、技术、人才、资金等生产要素由工业导入农业，实施"工业反哺农业"战略，才能促进城乡经济统筹发展，形成"以工促农、以城带乡"的长效机制。

近几年，"公司+基地+农户"的模式已被进一步拓展至"政府+公司+基地+农业合作社+农户"五位一体的利益联结模式，使分散的农户集中于龙头企业的原料基地，帮助农民消化农产品，提升粮食转化效率，探索出农业产业化与扶贫工作相结合的新路径。

雨润每投资一地，就会完善当地农业产业化服务，促进就业的同时，带动当地致富增收，推动地方经济发展。雨润重点推行的"百千万工程"，以每 3~5 年为周期，建设 100 个农业产业化基地，覆盖全国 1000 个乡镇，直接吸纳 30000 名返乡农民工就业，为扶持集团所属生产基地和原料供应区域的农民带来更多的收入。

同时，雨润每年招聘大学生超过 4000 名，为各地消化并解决大学生就业难题做出贡献。雨润还专门拿出 1000 万元资金，用于设立大学生村干部培养专项基金，为大学生村干部创业富民提供资金支持。

## （三）热心公益事业，致力产业报国

在龙头企业不断壮大、"全产业链"不断完善的同时，雨润集团将"企业公民"的理念深深融入企业社会责任中。雨润始终怀着"反哺社会"之心，不断参与各类社会公益和慈善事业。天灾无情，人间有爱。2008 年四川汶川特大地震发生以后，雨润集团大力发扬"一方有难、八方支援"的精神，在第一时间向灾区捐赠钱物超过 3000 万元。随后，又积极响应国家号召，在重灾区绵竹投资 4.5 亿元建设现代化加工项目。2010 年青海玉树地震和舟曲泥石流灾害发生后，雨润又分别捐赠 1000 万元和 500 万元。雨润因此荣获"中华全国工商业联合会抗震救灾先进集体"荣誉称号。

2012 年 8 月，雨润大力弘扬"致富思源、回馈社会、感恩奉献"的精神，由集团和集团高管共同出资 4000 万元，启动针对 1000 户特困家庭的公益慈善帮扶计划——"同心·帮千户特困家庭"，帮助这些家庭摆脱生活困境，提升幸福水平。截至目前，雨润已累计出资超过 1000 万元，已结对帮扶近 400 户特困家庭。

雨润还积极投身教育事业，在南京大学设立"雨润教学终身成就奖"，这是迄今为止南京大学颁出的数额最高的单项奖教金。同时在多个高校设立"雨润奖学金"和"雨润奖教金"，不仅帮助众多莘莘学子完成学业，更是尊师重教，奖励在一线工作的教师，让教师得到应有的尊重。

22 年来，雨润始终奉行"社会先受益，企业再发展"的经营理念，坚持企业的发展必须要"反哺社会、共创和谐"，将践行社会责任与其能力、资源优势结合，实现与利益相关方共赢的可持续发展。今天，雨润更肩负龙头企业引领示范的重任，13 万雨润人秉持"坚韧、进取、挺直、敢当"的企业精神，以迈进世界 500 强为宏伟目标，实现产业报国的理想。

# 附　录

## 一、参编机构

### 中国社会科学院经济学部企业社会责任研究中心

中国社会科学院经济学部企业社会责任研究中心（以下简称"中心"）成立于 2008 年 2 月，中国社会科学院、国务院国有资产监督管理委员会、人力资源和社会保障部、中国企业联合会、人民大学、国内外大型企业的数十位专家、学者担任中心理事。

中心以"中国特色、世界一流社会责任智库"为目标，积极践行研究者、推进者和观察者的责任：

● 研究者：中国企业社会责任问题的系统理论研究，研发颁布《中国企业社会责任报告编写指南（CASS-CSR 1.0/2.0/3.0)》，组织出版《中国企业社会责任》文库，促进中国特色的企业社会责任理论体系的形成和发展。

● 推进者：为政府部门、社会团体和企业等各类组织提供咨询和建议；主办"中国企业社会责任研究基地"；主办"分享责任——中国企业社会责任公益讲堂"；开设中国社科院研究生院 MBA《企业社会责任》必修课，开展数百次社会责任专项培训；组织"分享责任中国行——中国 CSR 优秀企业调研活动"，参加各种企业社会责任研讨交流活动，分享企业社会责任研究成果和实践经验。

● 观察者：从 2009 年起，每年出版《企业社会责任蓝皮书》，跟踪记录上一年度中国企业社会责任理论和实践的最新进展；从 2011 年起，每年发布《中国企业社会责任报告白皮书》，研究记录我国企业社会责任报告发展的阶段性特征；自 2010 年起，制定、发布、推动《中国企业社会责任报告评级》，累计为 200 余份中外企业社会责任报告提供评级服务；主办"责任云"（www.zerenyun.com）平台以及相关技术应用。

中国社科院经济学部企业社会责任研究中心

2014 年 10 月

电话：010-85892434

网站：www.cass-csr.org

微博：http://weibo.com/casscsr

中心官方微信号：中国社科院 CSR 中心

微信公众账号：CSRCloud（责任云）

E-mail：csr@cass-csr.org

地址：北京市朝阳区建国路 88 号 SOHO 现代城 B 座 709 室（100022）

## 研究业绩

**课题：**

1. 国土资源部：《矿业企业社会责任报告制度研究》，2013 年。

2. 国务院国资委：《中央企业社会责任优秀案例研究》，2013 年。

3. 中国扶贫基金会：《中资海外企业社会责任研究》，2012-2013 年。

4. 北京市国资委：《北京市属国有企业社会责任研究》，2012 年 5 月-12 月。

5. 国资委研究局、中国社科院经济学部企业社会责任研究中心：《企业社会责任推进机制研究》，2010 年 1 月-2010 年 12 月。

6. 国家科技支撑计划课题：《社会责任国际标准风险控制及企业社会责任评价技术研究之子任务》，2010 年 1 月-2010 年 12 月。

7. 深交所、中国社科院经济学部企业社会责任研究中心：《上市公司社会责任信息披露》，2009 年 3 月-2009 年 12 月。

8. 中国工业经济联合会、中国社科院经济学部企业社会责任研究中心：工信部制定《推进企业社会责任建设指导意见》前期研究成果，2009 年 10 月-2009 年 12 月。

9. 中国社科院交办课题：《灾后重建与企业社会责任》，2008 年 8 月-2009 年

· 170 ·

8 月。

10. 中国社会科学院课题：《海外中资企业社会责任研究》，2007 年 6 月–2008 年 6 月。

11. 国资委课题：《中央企业社会责任理论研究》，2007 年 4 月–2007 年 8 月。

专著：

1. 黄群慧、彭华岗、钟宏武、张蒽：《企业社会责任蓝皮书（2014）》，社会科学文献出版社 2014 年版。

2. 黄群慧、钟宏武、张蒽等：《中国盐业总公司考察》，经济管理出版社 2013 年版。

3. 彭华岗、钟宏武、张蒽、孙孝文等：《企业社会责任基础教材》，经济管理出版社 2013 年版。

4. 姜天波、钟宏武、张蒽、许英杰：《中国可持续消费研究报告》，经济管理出版社 2013 年版。

5. 陈佳贵、黄群慧、彭华岗、钟宏武：《企业社会责任蓝皮书（2012）》，社会科学文献出版社 2012 年版。

6. 钟宏武、魏紫川、张蒽、孙孝文等：《中国企业社会责任报告白皮书（2012）》，经济管理出版社 2012 年版。

7. 孙青春：《寻找增长的涌泉：企业可持续创新之路探索》，经济管理出版社 2012 年版。

8. 陈佳贵、黄群慧、彭华岗、钟宏武：《企业社会责任蓝皮书（2011）》，社会科学文献出版社 2011 年版。

9. 彭华岗、钟宏武、张蒽、孙孝文：《中国企业社会责任报告编写指南（CASS–CSR2.0）》，经济管理出版社 2011 年版。

10. 钟宏武、张旺、张蒽：《中国上市公司非财务信息披露报告（2011）》，社会科学文献出版社 2011 年版。

11. 钟宏武、张蒽、翟利峰：《中国企业社会责任报告白皮书（2011）》，经济管理出版社 2011 年版。

12. 彭华岗、楚旭平、钟宏武、张蒽：《企业社会责任管理体系研究》，经济管理出版社 2011 年版。

13. 彭华岗、钟宏武：《分享责任——中国社会科学院研究生院 MBA "企业社会责任"必修课讲义集（2010）》，经济管理出版社 2011 年版。

14. 黄群慧、黄天文、钟宏武：《中国中钢集团国情调研报告》，经济管理出版社 2010 年版。

15. 陈佳贵、黄群慧、彭华岗、钟宏武：《企业社会责任蓝皮书（2010）》，社会科学文献出版社 2010 年版。

16. 钟宏武、张唐槟、田瑾、李玉华：《政府与企业社会责任》，经济管理出版社 2010 年版。

17. 陈佳贵、黄群慧、彭华岗、钟宏武：《企业社会责任蓝皮书（2009）》，社会科学文献出版社 2009 年版。

18. 钟宏武、孙孝文、张蕙：《中国企业社会责任报告编写指南（CASS-CSR1.0)》，经济管理出版社 2009 年版。

19. 钟宏武、张蕙、张唐槟、孙孝文：《中国企业社会责任发展指数报告（2009)》，经济管理出版社 2009 年版。

20. 陈佳贵、黄群慧、钟宏武、王延中：《工业化蓝皮书——中国地区工业化进程报告（1995-2005)》，社会科学文献出版社 2007 年版。

21. 钟宏武：《慈善捐赠与企业绩效》，经济管理出版社 2007 年版。

论文：

在《经济研究》、《中国工业经济》、《人民日报》等刊物上发表论文数十篇。


# 二、参考文献


## （一）国际社会责任标准与指南

[1] 国际标准化组织（ISO)：《ISO26000：社会责任指南（2010)》，2010 年。

[2] 全球报告倡议组织（Global Reporting Initiative，GRI)：《可持续发展报告指南（G4 版)》，2013 年。

[3] 联合国全球契约组织：《全球契约十项原则》。

[4] 国际审计与鉴证准则委员会：ISAE3000。

［5］Accountability：AA1000 原则标准（AA1000APS）、AA1000 审验标准（AA1000AS）和 AA1000 利益相关方参与标准（AA1000SES）。

［6］国际综合报告委员会（IIRC）：《整合报告框架（2013)》。

## （二）国家法律法规及政策文件

［7］《中华人民共和国宪法》及各修正案。

［8］《中华人民共和国公司法》。

［9］《中华人民共和国劳动法》。

［10］《中华人民共和国食品安全法》。

［11］《食品工业"十二五"发展规划》。

［12］《中国食物与营养发展纲要（2014~2020 年)》。

［13］GB2760-2011《食品安全标准食品添加剂》。

［14］《中华人民共和国劳动合同法》。

［15］《中华人民共和国就业促进法》。

［16］《中华人民共和国社会保险法》。

［17］《中华人民共和国工会法》。

［18］《中华人民共和国妇女权益保障法》。

［19］《中华人民共和国未成年人保护法》。

［20］《中华人民共和国残疾人保障法》。

［21］《中华人民共和国安全生产法》。

［22］《中华人民共和国职业病防治法》。

［23］《中华人民共和国劳动争议调解仲裁法》。

［24］《中华人民共和国环境保护法》。

［25］《2014~2015 年节能减排低碳发展行动方案》。

［26］《中华人民共和国水污染防治法》。

［27］《中华人民共和国大气污染防治法》。

［28］《中华人民共和国固体废物污染环境防治法》。

［29］《中华人民共和国环境噪声污染防治法》。

［30］《中华人民共和国环境影响评价法》。

［31］《中华人民共和国节约能源法》。

[32] 《中华人民共和国循环经济促进法》。

[33] 《中华人民共和国产品质量法》。

[34] 《中华人民共和国消费者权益保护法》。

[35] 《中华人民共和国反不正当竞争法》。

[36] 《中华人民共和国科学技术进步法》。

[37] 《中华人民共和国反垄断法》。

[38] 《中华人民共和国专利法》。

[39] 《中华人民共和国商标法》。

[40] 《中共中央关于全面推进依法治国若干重大问题的决定》。

[41] 《集体合同规定》。

[42] 《禁止使用童工规定》。

[43] 《未成年工特殊保护规定》。

[44] 《女职工劳动保护特别规定》。

[45] 《残疾人就业条例》。

[46] 《关于企业实行不定时工作制和综合计算工时工作制的审批方法》。

[47] 《全国年节及纪念日放假办法》。

[48] 《国务院关于职工工作时间的规定》。

[49] 《最低工资规定》。

[50] 《生产安全事故报告和调查处理条例》。

[51] 《工伤保险条例》。

[52] 《关于禁止商业贿赂行为的暂行规定》。

[53] 《中央企业履行社会责任的指导意见》。

[54] 《中央企业"十二五"和谐发展战略实施纲要》。

[55] 《上海证券交易所上市公司环境信息披露指引》。

[56] 《深圳证券交易所上市公司社会责任指引》。

## （三）社会责任研究文件

[57] 中国社会科学院经济学部企业社会责任研究中心：《中国企业社会责任报告编写指南（CASS-CSR 2.0)》，2011 年。

[58] 中国社会科学院经济学部企业社会责任研究中心：《中国企业社会责任

报告评级标准 2013》，2013 年。

[59] 中国社会科学院经济学部企业社会责任研究中心：《中国企业社会责任研究报告（2009/2010/2011/2012/2013)》，社会科学文献出版社。

[60] 中国社会科学院经济学部企业社会责任研究中心：《中国企业社会责任报告白皮书（2011/2012/2013)》，经济管理出版社。

[61] 中国社会科学院经济学部企业社会责任研究中心：《企业社会责任基础教材》，经济管理出版社 2013 年版。

[62] 彭华岗等：《企业社会责任管理体系研究》，经济管理出版社 2011 年版。

[63] 国家电网公司、《企业社会责任指标体系研究》课题组：《企业社会责任指标体系研究》，2009 年 3 月。

[64] 殷格非、李伟阳：《如何编制企业社会责任报告》，2008 年。

[65] 李伟阳、肖红军、邓若娟：《企业社会责任管理模型》，经济管理出版社 2012 年版。

[66] 姜启军、苏勇等：《基于社会责任的食品企业危机管理》，人民出版社 2011 年版。

## （四）企业社会责任报告

[67] 《达能集团 2013 年可持续发展报告》（英文版）。

[68] 《雀巢 2013 年可持续发展报告》（英文版）。

[69] 《联合利华 2013 年可持续发展计划》（英文版）。

[70] 《百事大中华区 2013 年可持续发展报告》（英文版）。

[71] 《亿滋国际 2013 年进展报告》（英文版）。

[72] 《中粮集团 2014 年社会责任报告》。

[73] 《中国盐业 2014 年社会责任报告》。

[74] 《北京三元食品股份有限公司 2014 年社会责任报告》。

[75] 《中国蒙牛乳业有限公司社会责任报告》（2008–2013 年）。

[76] 《青岛啤酒 2014 年可持续发展报告》。

[77] 《光明乳业股份有限公司 2014 年社会责任报告》。

[78] 《内蒙古伊利实业 2014 年可持续发展报告》。

[79] 《郑州三全食品股份有限公司 2014 年社会责任报告》。

［80］《山东新希望六和集团 2014 年社会责任报告》。

［81］《康师傅控股 2014 年社会责任报告》。

［82］《江苏洋河酒厂 2014 年社会责任报告》。

［83］《河南双汇投资 2014 年社会责任报告》。

［84］《嘉吉中国 2013-2014 年社会责任报告》。

［85］《洽洽食品股份有限公司 2013 年社会责任报告》。

［86］《贵州和泰茶叶股份有限公司 2013 年社会责任报告》。

［87］《福建省燕京惠泉啤酒股份有限公司 2013 年社会责任报告》。

［88］《贵州国台酒业有限公司 2013 年社会责任报告》。

［89］《烟台张裕葡萄酿酒股份有限公司 2013 年社会责任报告》。

［90］《安徽古井贡酒股份有限公司 2013 年社会责任报告》。

# 后　记

　　2009 年 12 月，中国社科院经济学部企业社会责任研究中心发布了中国第一份企业社会责任报告编写指南——《中国企业社会责任报告编写指南（CASS-CSR1.0)》（简称《指南 1.0》）。为了增强《指南 1.0》的国际性、行业性和工具性，2010 年 9 月，中心正式启动了《指南 1.0》的修订工作，扩充行业、优化指标、更新案例。2011 年 3 月，《中国企业社会责任报告编写指南（CASS-CSR2.0)》（简称《指南 2.0》）发布。《指南 2.0》发布会获得了企业广泛的应用，参考《指南 2.0》编写社会责任报告的企业数量由 2011 年的 60 家上升到 2013 年的 195 家。

　　为了进一步提升《指南 2.0》的国际性、实用性，引导我国企业社会责任从"报告内容"到"报告管理"转变，2012 年 3 月 31 日，《指南 3.0》编制启动会在北京召开，来自政府、企业、NGO、科研单位等机构的约 100 名代表出席了本次启动大会。为广泛征求《指南 2.0》使用者意见，中心向 100 家企业发放了调研问卷，并实地走访、调研 30 余家中外企业，同时启动了分行业指南编制工作。

　　作为《中国企业社会责任报告编写指南（CASS-CSR3.0)》丛书的分行业指南，《中国企业社会责任报告编写指南之食品行业》的编制历时近 10 个月。期间，编写组多次与蒙牛集团、达能集团、雨润公司进行沟通访谈，征求一线人员的意见和建议；并于 2015 年 5 月召开专家研讨会，邀请政府部门、企业代表、行业专家等多名专业人员对本书内容及指标进行意见指导。本书是集体智慧的结晶，由中国社科院经济学部企业社会责任研究中心主任钟宏武与蒙牛集团公共事务管理系统助理副总裁翟嵋、蒙牛集团公共事务管理系统社会责任总监吴福顺、达能（中国）食品饮料有限公司企业社会责任总监古陶、江苏雨润肉类产业集团有限公司总裁李世保担任顾问，全书由翟利峰、王梦娟、于晓庆、张智、林旭等共同撰写。农业部农产品质量标准研究中心陈松、中国企业联合会企业创新工作部主任程多生、中粮集团办公厅总经理助理方明、中国盐业总公司办公厅副主任屈晓明以及蒙牛集团田茂、周国学、宋立、朱春红、王浩杰、付旺盛、刘高飞、尹艳霞，达能（中国）食品饮料有限公司张智，雨润集团有限公司张帅、张锐等提出了针对性的意见和建议；在资料整理过程中，王志敏、陈晓飞等做出了诸多贡献。全书由翟利峰审阅、修改和定稿。

"中国企业社会责任报告编写指南"系列以及企业社会责任报告编写软件都将不断修订、完善，希望各行各业的专家学者、读者朋友不吝赐教，共同推动我国企业社会责任更好更快的发展。

中国社科院经济学部

企业社会责任研究中心

2015 年 10 月